학교로 간 아들러의 개인심리학

Individual Psychology in the Schools

학교로 간 아들러의 개인 심리학

초판 1쇄 발행 2025년 3월 20일

원제 Individual Psychology in the Schools(1929)
지은이 알프레드 아들러
옮긴이 정명진
펴낸이 정명진
디자인 정다희
펴낸곳 도서출판 부글북스
등록번호 제300-2005-150호
등록일자 2005년 9월 2일
주소 서울시 노원구 공릉로63길 14, (하계동, 청구 빌라 101동 203호) (01830)
전화 02-948-7289
전자우편 00123korea@hanmail.net
ISBN 979-11-5920-171-4 03180

학교로 간 아들러의 개인 심리학

Individual Psychology in the Schools

알프레드 아들러 지음 정명진 옮김

〈서문〉

이 책은 내가 오스트리아 빈의 교육 연구소(Pedagogical Institute)에서 교사들을 대상으로 한 강연에서 발표한 내용을 모은 것이다. 강연의 목적은 개인 심리학의 기본 원리들을 교육 제도 안에 쉽게 소개하기 위한 것이었다. 따라서 강연 내용은 빈과 외국의 여러 도시에서 개인 심리학 상담 센터를 연 사람들이 현장에서 여러 해에 걸쳐 벌였던 노력을 보완하는 성격이 강하다. 독자들은 이 센터들이 일군 성취를 요약한 내용을, 매년 발간되는 '개인 심리학 세계 저널'(Internationale Zeitschrift für Individualpsychologie) 제 7호에 담긴 '교육 상담 소책자'(Educational Counseling Booklet)에서 읽을 수 있다.

만약 그 소책자의 내용이 일부 독자들에게 다소 단순해 보인다면, 나는 그런 독자들에게 개인 심리학 치료사들의 집단 밖에서는 개인 심리학에 관한 지식이 대략 윤곽을 아는 선에서 그친다는 점을 상기시켜야 한다. 몇 년 동안 서로 힘을 합해 노력한 결과, 우리는 그 지식을 대중화할 수 있었다. 그 결과, 심지어 과학적으로 전개되는 이론적 설명과 기술적인 실무를 구분하지 못했던 사람들까지도 개인 심리학을 친근하게 받아들이게 되었다. 동시에, 우리는 개인 심리학을 피상적인 것으로 여기는 사람들뿐만 아니라, 인간 본성에 대해 보다 깊은 통찰을 얻었다고 생각하는 사람들도 골격에 해당하는 그런 지식만으로는 일을 원만하게 처리하지 못한다고 믿기에 이르렀다.

바로 그런 이유로, 나는 순수하게 이론적인 측면에서 개인 심리학을 발달시킬 뿐만 아니라, 심리학 훈련을 받은 의사들과 교육자, 학부모들과 직접적으로 머리를 맞댐으로써 신경이 과민한 어린이뿐만 아니라 문제아까지 다루는 능력을 발달시키려고 여러 해 동안 노력해 왔다. 비판적인 독자들 중에서 일부 독자들이 특별한 개념들을 유기적인 맥락 밖으로 끌어내서 그들만의 꽤 다른 관점에서 해석하려고 노력할 때, 우리는 놀라는 마음으로 지켜보았다. 이 접근법은 열등감에 관한 우리의 견해를 밝히는 노력의 출발점에 적용되었다.

우리의 의견에 따르면, 삶의 요구에 따르는 긴장에서 비롯되는 고통은 일종의 긍정적인 산물이다. 개인 심리학을 비판하는 사람들은 이 고통이 성장에서 비롯되는 다른 걱정들과 연결된다는 사실을 보지 못하고 있다. 또 다른 오류는 너무도 당연하게 우리가 매우 조심스럽게 훈련하며 실천하는 추측 능력을 "비과학적"이라고 여기는, 일부 사람들의 악의적인 진술이다. 그 사람들은 새로운 결과가 추측이 아닌 다른 방법에 의해서 얻어질 수 있다고 믿는 것 같다.

그래도 우리는 불평하지 않는다. 개인 심리학에 대한 이해가 깊어질수록, 어떤 거대한 내적 연결성에 대한 자각도 더욱 커지고 있기 때문이다.

탄탄한 네트워크 같은 이 내적 연결성을 우리는 정신적 연결을 발견하는 데에 이용하고, 문제아를 다루고 예방하는 데에 이용하고, 그리고 신경증을 치료하는 데에 이용하고 있다.

우리는 지금 끊임없이 앞으로 나아가고 있다. 점점 더 많은 교사들과 학부모들, 의사들, 심리학자들이 개인 심리학 쪽으로 눈을 돌리고 있다. 학교 상담 센터들에서, 우리는 학생들을 완벽하게 발달시키는 데에 기여할 수단을 성공적으로 창조했다. 어린이들뿐만 아니라 교사들과 의사들과 학부모들도 더욱 큰 노력과 사랑으로 이 창조 작업에 기꺼이 참여하고 있다. 학교 상담 센터들의 중요성에 대한 인식도 점점 더 커지고 있다.

이 책은 학교를 위한 이론적 및 실질적 조언 외에, 문제아를 이해하고 다루는 데에 도움을 줄 질문지를 포함하고 있다. 이 책은 또한 4가지 사례를 제시한다. 아울러, 협동 능력의 결여와 관련해서 정상적인 것과 비정상적인 것에 관한 논평과 함께, 협동 능력을 결여하게 된 원인과 결과에 대해 조사한 내용도 보여준다.

알프레드 아들러

차례

1장
생후 첫 5년

교육 분야에 종사하는 여러분은 예외 없이 이론과 실천에 대해 두루 들을 필요가 있다. 따라서 우리는 문제아들의 예를 논할 것이고, 여러분은 구체적인 예들을 제시할 수 있다. 그러면 그 예들을 놓고, 우리는 그런 아이들을 도울 길을 발견하는 방향으로 논의할 수 있다.

첫째, 우리는 아이를 학교와 연결시켜야 하고, 아이가 학교에 대한 관심을 더욱 키우도록 이끌어야 한다. 우리는 또 학교가 아이의 삶에서 맡는 역할과 학교가 모든 학생들에게 품고 있는 기대를 알 필요가 있다.

우리는 여기서 우리가 가족의 연장 부분 같은 것을 다루고 있다는 사실을 인정해야 한다. 만약 가족이 아이를 적절히 양육한다면, 학교가 필요하지 않을 것이다. 학교의 역사를 통해서, 우리는 학교가 존재하지 않았을 때에는 가족에 의한 교육이 꽤 충분했다는 사실을 알고 있다. 그러나 그런 시대에도, 상위 계층의 아이들은 예를 들어 왕자들을 위한 학교에 다녔다. 거기서 아이들은 통치와 행정에 필요한 것을 배웠다. 훗날에는 교회가 교회와 국가의 요구를 충족시킬 지식을 추가로 가르치는 학교를 세웠다. 그런 학교들은 순수하게 교회를 위해 설립되었다.

사람들의 필요에 맞춰 체계적으로 성장하면서, 학교들은 교역과 기술이 발달함에 따라 전반적으로 교육이 필요하게 되었을 때에는 사회의 요구에도 응답했다. 따라서 공립학교의 필요성이 대두되었다. 오랜 세월 동안, 공립학교는 통치 집단의 요구에 따라 다양한 형태를 취해 왔다.

오늘날, 우리는 학교가 어떤 기능을 해야 하는가, 하는 추가적인 문제에 직면하고 있다. 분명히, 학교는 대중을 위한 포괄적인 교육에 필수적인 곳으로 여겨져야 한다. 학교에 주어진 과제는 삶의 요구를 충족시킬 수 있는 개인을 발달시키는 방법을 찾는 것이다. 말하자면, 자신에게 요구되는 것을 다른 사람들이 성취해야 하는 것으로 여기지 않고 자신이 직접 처리해야 하는 것으로 여길 줄 아는 그런 개인을 양성하는 것이 학교의 임무이다. 국가의 이상(理想)은 가족에게 깊이 영향을 끼친다. 따라서 교육이 사회에 기여할 개인을 확실히 배출시킬 수 있는 수단은 가족과 학교에 동시에 갖춰져 있어야 한다.

개인 심리학은 끊임없이 상호관계를 찾는다. 개인 심리학은 개인이 타인들을 대하는 태도를 바탕으로 인간의 본성을 타인들에 대한 배려의 발달로 이해한다. 사람의 인격이 발달하기 시작하는 곳은 학교가 아니다. 사람의 인격은 가족 안에서 처음 발달을 시작한다.

개인이 받는 첫인상은 대단히 중요하다. 가족은 아이가 학교를 대하는 태도에 결정적인 영향을 끼친다. 학교에 처음 나갈 때, 아이는 교사와 마찬가지로 새로운 과제에 직면하게 된다. 학교 교육의 필요성을 받아들일 준비가 잘 되어 있는 아이일수록, 학교에서 직면하는 문제도 더 적을 것이다. 학교 교육의 필요성을 받아들일 준비가 제대로 되어 있지 않은 아이는 더 많은 문제를 직면하게 된다.

학교는 아이가 삶이 사회적으로 요구하는 것들을 수행할 준비를 어느 정도 갖췄는지를 보여주는 일종의 실험이자 시험이다. 아이가 학교생활에 필요한 준비를 잘 갖췄다는 것은 곧 아이가 적응할 수 있고, 타인들과 함께 행동할 수 있을 뿐만 아니라 타인들을 존경할 줄도 알고, 타인들에게 관심을 갖고, 학교의 즐거운 측면을 개인적인 은혜로 받아들이고, 학교에서 겪는 어려움을 자신이 해결해야 할 과제로 받아들이고, 그 어려움을 극복하기 위해 노력할 줄 안다는 뜻이다.

아이가 최초로 직면하는 사회적 도전은 학교가 아니다. 최초의 사회적 과제는 아이와 어머니의 관계이다. 우리는 어머니가 어떤 식으로 아이가 적절한 관계를 발달시켜 나가도록 준비시키는지 관찰할 수 있다. 그렇다면 아이와 어머니의 건강한 관계는 어떤 것인가? 아이가 어머니에게 관심을 갖고, 어머니를 한 사람의 동료 인간으로 느끼는 그런 관계가 건전한 관계이다. 그런데 아이가 진정한 동료 인간이 되지 못하도록 막는 실수들이 많이 저질러진다.

어머니는 아이의 관심을 독차지한다. 어머니는 아이를 위해 안락한 분위기를 창조한다. 종종 그 분위기가 너무나 편하기 때문에, 아이가 모든 것을 어머니에게 기대며 독립적으로 활동하지 못하게 된다. 하루 온종일 아이와 함께 지내는 어머니의 그런 행동은 아이의 내면에 무의식적인 행동 반응들을 형성시킨다. 그런 경우에 아이에게 어려움을 극복하는 연습을 할 기회가 주어지지 않기 때문에, 그 아이는 삶을 직면할 준비가 제대로 되어 있지 않다.

한편, 어머니가 아이에게 아이가 한 사람의 동료 인간이라는 감정을 전달하지 못할 때, 또 다른 결과가 나타난다. 주위 사람들의 미움을 사거나, 고아이거나, 사생아이거나, 부모가 원하지 않았거나, 못생겼거나, 입양된 아이들은 종종 동료 인간들이 존재한다는 것을 이해하지 못한다. 그런 아이들은 사랑을 모를 수 있으며, 그 같은 사실이 그들의 태도에 결정적 영향을 끼친다. 그런 아이들은 자신이 마치 적들 사이에서 살고 있는 것처럼 느끼며, 그런 감정에 따라 자신의 삶을 설계한다.

첫 번째 유형의 아이는 독립적으로 행동하지 못한다. 그런 아이는 다른 사람의 지원을 끊임없이 추구한다. 두 번째 유형의 아이는 자신이 구박당하고 무시당하고 있다는 생각을 버리지 않는다. 그런 아이들은 대부분 타인을 신뢰하지 않고 실패를 두려워한다.

두 유형에서 똑같이, 아이들의 전체 삶을 지배할 어떤 문제가 생겨난다. 두 유형의 아이들은 언제나 자신이 애지중지 키워져야 하고, 어려운 상황을 피해야 하고, 달아나려고 시도해야 하고, 자신에게 피해를 입히는 모든 사람을 경계해야 한다고 믿을 것이다.

아이의 삶에서 첫 4년 내지 5년은 무의식적인 어떤 태도를 창조한다. 그러면 아이는 더 이상 새로운 경험을 받아들이지 않을 것이다. 애지중지 응석받이로 자란 아이가 학교에 들어가서 애지중지하는 분위기가 아닌 아주 낯선 상황을 확인하게 될 때, 그 아이는 기분이 나빠지면서 계속 애지중지 응석받이로 생활하려고 노력하며 관심의 중심에 서려고 할 것이다. 자신에게 관심을 보일 누군가를 지속적으로 찾으면서, 아이는 관심의 중심이 되길 원할 것이다.

아이는 이 목표를 두 가지 방법으로 성취할 수 있다. 아이가 무엇인가를 잘 하기 위해 상당히 많이 노력할 수 있으며, 극도로 잘 처신함으로써 주위의 관심을 자신에게로 돌려 놓을 수 있다. 이런 식으로, 아이는 이전의 안락하고 편안한 상황을 거의 다시 확립할 수 있다. 그런 아이는 어려움을 싫어한다. 그런 한편, 아이가 극히 과시적이거나, 게으르거나, 나쁘게 행동하려고 노력할 수도 있다. 아이가 교사나 급우들의 주의를 끌기 위해서, 그들이 자신에게 집중하도록 사납게 굴거나 반항적으로 행동할 수 있는 것이다.

모든 것이 어떤 목적을 추구하는 수단이 되는 그런 정신적 방향을 따르고 있는 이 아이들의 내면에서, 우리는 지금 어떤 과정을 관찰할 수 있다. 대부분의 예들에서 아이는 학교생활을 위한 준비가 잘 되어 있지 않다. 그 아이들은 좀처럼 집중하지 못하거나, 친구들을 쉽게 사귀지 못한다. 그들은 언제나 자기 자신에게 몰두하고 있기 때문에 친구들을 골치아픈 존재로 여긴다. 그들은 자신감이 전혀 없으며, 학교에 대해 점점 더 강하게 불만을 표시한다. 그런 아이들은 언제나 자신이 옳다고 믿는다. 그들은 학교의 새로운 상황을 받아들이기보다는 가정과 비슷한 상황을 선호한다. 그들은 학업을 혐오하고 거부한다. 분명히, 준비가 불완전한 상태는 그런 태도가 생길 토대를 놓을 것이며, 그런 태도는 생겨나기만 하면 주변 사람들의 경고와 처벌로는 쉽게 바뀌지 않는다.

미움을 받고 있다고 느끼는 아이들에게서도 동일한 현상이 발견된다. 그런 아이들은 무시당하고 있다고 느끼며, 점점 더 자주 문제에 봉착한다. 그런 경우에 우리는 먼저 그 아이의 내면에서 일어나고 있는 현상을 조사하고 이해하려고 노력해야 한다.

교사들은 모든 심리적 방향을 두루 검토해야 한다. 아이에게서 문제점들이 발견되면, 교사들은 그 아이가 네 살이나 다섯 살 때 어머니가 응석받이로 키웠을 수 있다는 점을 고려해야 한다. 그 아이는 지금 집에서 어머니와 함께 지낼 때가 모든 면에서 훨씬 더 나았다고 생각하고 있다. 그렇기 때문에 아이는 무슨 일이든 피하려 할 것이다. 그 어떤 것도 아이의 잃어버린 낙원을 대체할 수 없기 때문이다. 이 아이는 타인들과 협력하거나, 함께 어울려 놀거나, 타인들을 이해할 준비가 되어 있지 않다. 이 아이는 타인들과 사이좋게 지내야 하는 경우에 자신이 그들과 잘 어울려 지낼 수 있을 것인지에 대해 한 번도 생각해 보지 않았다.

이 분야에서 일하는 교사가 개인 심리학을 대단히 만족스럽고 흥미로운 것으로 받아들인다는 사실에 대해 우리는 감사하는 마음을 가져야 한다. 이유는 바로 그 교사가 문제를 예방할 수 있는 기회를 갖게 되기 때문이다. 만약 과중한 업무에 시달리는 교사가 30명 내지 40명의 학생들을 다뤄야 한다면, 그런 경우에 그의 부담을 덜어줄 수 있는 해법은 한 가지뿐이다. 교사가 자신이 맡고 있는 아이의 유형을 이해하는 일에 경험을 많이 쌓는 것이 그 해법이다. 불행하게도, 우리는 규칙들을 이용해서 이 과제를 기술적으로 쉽게 성취하지 못한다. 그러나 개인 심리학을 적용함으로써, 실수를 저지를 위험을 낮추는 것은 가능하다. 우리는 아이에게 옳은 길을 열어줌으로써만 아니라, 학부모가 아이가 옳은 길로 들어서는 것을 방해하지 않도록 설득시킴으로써 아이의 인성(人性)을 극대화할 수 있다.

이제는 핵심적인 이슈에 초점을 맞추고 싶다. 가족 내의 훈련의 질(質)이 부적절한 경우가 꽤 자주 있다. 그 결과, 삶의 도전이 아이들에게 너무나 쉬운 것으로 여겨지게 되었다. 부모들의 입장에서 보면 가장 소중한 선물이 바로 자신의 아이이다. 그러다 보니 부모들은 언제나 자신의 아이들이 우월한 위치에 설 수 있기를 바란다. 아이들은 부모들의 이런 소망을 몸으로 느끼면서, 자신이 받는 특별한 대우를 부당하게 악용하길 원한다. 이 같은 상황이 대단히 많은 응석받이들을 낳고 있다.

앞에서 언급한 두 번째 유형의 아이들뿐만 아니라, 이런 아이들도 사회적 감정을 결여하고 있다. 이 아이들은 타인에게 전혀 관심을 주지 않는다. 애지중지 응석받이로 컸기 때문에, 이 아이들의 관심은 오직 자기 자신과 자신의 행복에만 있다. 그들은 다른 부류의 사람들을 한 번도 만나지 않았기 때문에 그런 사람들이 존재한다는 사실 자체를 모른다. 그런 아이들의 자기중심적인 관심은 점점 더 커지고 단단해진다. 그런 감정은 절대로 타고나는 것이 아니며, 생후 첫 몇 년 동안의 경험으로부터 생겨난다.

어느 아이가 입는 상처는 그 아이가 자신이 어디에도 소속되어 있지 않다거나 받아들여지지 않고 있다는 감정을 품게 된 결과이다. 그런 아이는 공동체의 일부라는 감정을 절대로 발달시키지 못할 것이다. 용기가 부족하기 때문에, 그 아이는 여러 가지 형식으로 이뤄지는 다양한 활동에 참여하지 못한다. 새로운 과제는 모두 일종의 시험이 되고, 실험으로 여겨진다. 우리는 더욱 예리한 통찰력을 발달시키고 이 과정의 미묘한 차이를 파악함으로써, 어떤 아이가 새로운 과제를 마주할 때 어떻게 행동하는지를 이해할 수 있어야 한다.

독특한 사건 같은 것은 절대로 없다. 사람은 평생 동안 동일한 라이프스타일을 따를 것이다. 어느 한 개인의 결함은 그 사람이 어떤 과제를 마주할 때에만 분명히 드러난다. 어느 누구도 아이에게 전혀 아무것도 기대하지 않는 한, 그리고 아이가 아무런 어려움에 직면하지 않는 한, 우리는 그 아이에게서 아무것도 관찰하지 못한다. 아이가 자신의 역할을 어느 정도로 잘 해내고 있는지는 그 아이가 새로운 상황을 마주할 때에만 확실히 보인다. 그런 순간에, 우리는 그 아이가 어느 정도 준비가 되어 있는지 확인할 수 있다.

우리는 모든 학부모들에게 아이를 제대로 준비시키는 방법을 가르칠 수 있을 때까지 기다리고 있을 수 없다. 또 아이가 작거나 큰 어려움에 봉착할 때까지 기다리고 있을 수도 없다. 우리는 예방에 초점을 맞춰야 한다. 심리학을 현실적이고 효과적인 방향으로 잘 파악하고 있는 교사는 많은 일을 해낼 수 있다. 아이가 발달하는 과정에 생긴 결함을 확인하고, 그것에 대해 응석받이로 키웠기 때문이라거나 애정 결핍 때문이라는 식으로 설명하는 것으로는 절대로 충분하지 않다. 어떤 그림을 놓고 그것이 어떤 식으로 그려졌는지에 대해 설명할 수 있지만, 그렇게 할 수 있다고 해서 그림 그리는 방법까지 안다고 할 수는 없다. 그림을 그리는 과정이 요구하는 기술까지 배워야 한다. 누구나 아이들을 교육시키는 기술을 배우고 실천할 수 있다. 이 기술은 삶에서 일어나는 사건들과 사회적 존재라는 이상(理想)을 조화시키려고 지속적으로 노력할 것을, 그리고 아이를 그 목표 쪽으로 향하도록 준비시킬 것을 요구한다.

그렇다면, 누구로부터 사회적 존재를 위한 최초의 준비를 기대할 수 있는가? 사회에 대한 나의 이해는 성취할 수 없는 어떤 이상을 수반한다. 이 이상을 우리는 상상만 할 수 있을 뿐이다. 인간의 모든 노력을 다 쏟는다 하더라도 그것을 성취하는 데 충분하지 않기 때문이다. 우리의 가장 중요한 임무는 아이가 그런 사회적 이상에 닿으려고 노력하도록 동기를 부여하는 기술을 실천하는 것이다. 오직 이 방향으로 움직여야만 문제아나 신경증, 자살, 알코올 중독, 성적 도착, 범죄 등을 낳을 수 있는 실수들을 피할 수 있다.

누가 이 목적을 성취하는 최초의 임무를 떠맡는가? 바로 어머니이다. 우리는 어머니가 해야 했던 것을 기억해야 한다. 우리는 그릇된 어떤 경로를 따른 결과를 눈으로 볼 수 있다. 우리는 어머니가 하지 않은 것을 보완하고 어머니의 실수를 바로잡아야 한다.

어머니는 두 가지 역할을 맡는다. 한 가지 역할은 아이를 어머니 쪽으로 끌어들이고, 아이의 관심이 어머니 쪽으로 향하도록 하고, 어머니가 아이의 마음속에 한 사람의 동료 인간으로 자리 잡는 것이다. 다른 하나는 아이의 관심이 타인들 쪽으로, 또 한 사람의 동료 인간인 아버지 쪽으로 향하도록 하는 것이다. 아버지는 아이가 형제와 외부인들에게 관심을 갖도록 함으로써 나름대로 아이의 발달에 기여해야 한다. 학교의 과제는 종종 어느 정도 무시되고 있는, 어머니의 이 두 가지 기능에 근거를 두고 있다.

모든 과제는 하나의 사회적 문제가 된다. 형제자매가 태어날 때, 첫째 아이가 새로 태어난 아이와 관계를 맺는 방식도 사회적 문제가 된다. 아이는 형제자매의 출생에도 적절히 준비를 갖추고 있어야 한다.

말도 하나의 사회적 문제이다. 아이가 언어를 통해서 어떤 식으로 연결을 맺는가? 사회적 감정이 충분히 발달하지 않은 아이들은 보통 언어 문제를 겪는다. 우리는 어떤 식으로 사회에 유익한 존재가 될 수 있는가? 타인들을 배려하고, 타인들에 대한 관심을 발달시키고, 친구가 되고, 종교적 또는 정치적 견해를 습득하고, 사랑하고, 결혼하는 등의 과정을 거치면서 그런 존재가 된다. 그런데 이 모든 단계들은 곧 사회적 문제들을 나타내고, 이 사회적 문제들은 어떤 사람이 타인들의 행복에 관심을 갖고 있는지 여부에 대한 대답을 제시한다.

앞에서 말한 문제아들은 타인의 행복에 전혀 아무런 관심을 보이지 않는다. 그 아이들은 사회적 감정과 낙관주의와 용기를 결여하고 있다. 어떤 모자이크 작품이 제대로 배열되었는지를 눈으로 확인할 수 있는 것과 똑같이, 우리는 어떤 아이가 사회적 문제에 봉착할 때 어떤 식으로 행동할 것인지를 짐작하는 능력을 바탕으로 개인 심리학의 처리 과정의 정확성을 판단할 수 있다.

다음 보고는 유치원에 다니는 다섯 살짜리 아이에 관한 것이다. 이 아이를 둘러싼 사건들은 아이가 학교에서 어느 정도로 잘 행동할 것인지를 예측 가능하게 한다. 짧은 시간에, 나는 이 아이의 문제가 어떤 식으로 명확하게 드러나는지를, 또 어떤 식으로 우리의 판단을 증명할 수 있는지를 설명할 것이다.

"이 아이는 다루기 힘들다."

이 아이는 틀림없이 적대적이다. 아이는 끊임없이 공격적인 태도를 보이고 있으며, 아마 친절한 환경에서 응석받이로 자랐을 것이다. 이런 의문이 생긴다. 왜 이 아이가 지금도 여전히 공격적일까? 아이가 지금 더 이상 응석이 받아들여지지 않는다고 느끼고 있는가? 틀림없이, 아이의 상황은 예전만큼 호의적이지 않다. 우리는 쉽게 그렇게 짐작할 수 있다.

"아이의 행동이 침착하지 않다."

이런 현상은 우리에게 전혀 새롭지 않다. 침착하면서 공격적인 사람을 상상할 수 있는가? 그 아이가 활동적이지 않으면, 우리는 그를 두고 똑똑하지 않다고 생각할 것이다.

"아이는 물건을 깨뜨리길 즐긴다."

그런 것이 공격적인 사람의 본성이다.

"이따금, 아이가 분노를 폭발시킨다."

이런 행동은 자연스런 반응이다. 총명한 아이임에 틀림없다는 뜻이다. 어떤 아이를 두고 우리가 정신적으로 발달이 늦고, 따라서 달리 다뤄야 한다고 결정해야 할 때가 있다. 그런 아이는 아직 라이프스타일을 갖고 있지 않다. 그러나 지금 예로 제시하는 이 아이는 싸우며 쟁취할 어떤 목표를 갖고 있다. 그는 승리하는 것을 즐긴다.

"어머니는 아이가 건강하고 활력으로 충만하다고 생각한다. 아이는 언제나 누군가가 자신에게 관심을 쏟기를 원한다."

타인을 화나게 하는 일이라면 무엇이든 하려 드는 아이에게 부모가 굴복하게 될 때, 가족 모두가 힘들어진다.

"아이는 깨끗한 테이블 위로 흙 묻은 신발을 신고 올라간다. 어머니가 다른 곳에서 바쁘게 움직이는 동안에, 아이는 램프를 갖고 노는 데서 대단한 즐거움을 얻는다."

아이는 공격해야 할 지점을 정확히 알고 있다.

"어머니가 피아노를 연주하거나 책을 읽기 시작할 때, 아이는 램프를 갖고 놀려고 한다. 아이는 식탁에서 늘 부산하게 움직이며 끊임없는 주의를 요구한다."

아이는 관심의 중심이었던 원래의 자리를 지킬 수 있기 위해 이기길 원한다. 다음과 같은 생각이 떠오른다. 만약 아이가 관심의 중심에 서기를 그렇게 간절히 원한다면, 그 아이가 언젠가 그런 위치에 선 적이 있었고, 지금 그와 비슷한 상황을 다시 누리기를 바라고 있을 것이다. 그 아이가 그런 위치에서 강제적으로 벗어나도록 한 사건은 무엇이었는가?

"아이는 늘 아버지를 손으로 치며 자기와 같이 놀아달라고 조른다."

우리는 아이가 공격적이고 타인을 짜증나게 하는 방법을 발견하고 있는 것을 확인할 수 있다.

"아이는 케이크를 손가락으로 푹 찔러서 입 안 가득 넣는 행동을 즐겨 한다."

아이는 음식을 먹지 않음으로써 공격성과 거의 비슷한 효과를 거둘 수 있었다.

> "어머니가 다른 사람들과 함께 있을 때, 소년은 손님을 의자에서 밀어내고 그 의자에 앉는다."

우리는 이런 행동에서 아이가 타인을 좋아하지 않고 사회적 감정을 결여하고 있다는 사실을 확인할 수 있다. 사회적 감정의 결여는 또한 아이가 동생에게도 공격적으로 행동하도록 만든다.

> "아버지와 어머니가 각자 노래하고 피아노를 칠 때, 아이는 그 노래를 좋아하지 않는다고 소리를 지른다."

아이는 무시당하는 것을 좋아하지 않는다. 아이에게서 나쁜 행동이 확인될 때, 아이를 처벌하면 안 된다. 처벌은 도움이 되지 않는다. 우리는 아이를 간섭하고 나설 수 있는 지점을 알고 있어야 한다. 지금 살피고 있는 아이는 무시당하고 있다는 느낌을 받으며 기분이 상해 있다.

> "아버지는 가수이며 콘서트에서 노래를 부른다. 어머니는 피아노를 연주하면서 아버지와 동행한다. 그러면 소년은 '아빠, 이리 와!'라고 소리를 지른다."

소년은 자기 부모가 자신에게 몰두하도록 만들기 위해 끊임없이 노력하고 있다.

“뭔가를 원하는데 그것을 손에 넣지 못할 때, 소년은 화를 터뜨린다.”

아이가 공격적인 태도를 드러내고 있다.

“아이는 무엇이든 부순다. 아이는 드라이버로 자기 침대의 나사를 모두 뽑았다.”

또 다시, 아이는 반사회적인 행동을 보인다. 아이는 부모를 해치기 위해서 할 수 있는 일이라면 무엇이든 하며, 불쾌감을 보인다.

“이따금, 아이는 사람들에게 비꼬는 말을 한다. 아이가 나쁜 짓을 한 뒤에 별다른 꾸중을 듣지 않고 넘어갈 수 있다는 사실을 알게 될 때, 그런 말을 특별히 더 자주 한다.”

사람들은 아이의 비판적인 발언 때문에 아이가 총명하다고 생각한다. 아이는 잠시도 한 가지 일에 몰두하지 못한다. 어머니는 아이를 즐겁게 해주려고 애쓴다(그녀는 틀림없이 그 일에 성공하지 못한다).

“어머니가 아이의 빰을 때리면, 아이는 웃으면서 한 2분 정도 침묵을 지킨다. 어머니는 아이의 할아버지와 할머니가 아이를 과도하게 응석받이로 키웠다고 생각한다. 정말로 이제 아이는 더 이상 애지중지 키워지지 않고 있다."

그것이 아이가 그런 식으로 발달한 이유이다. 아이가 오직 자기 어머니와 아버지에게만 매달렸기 때문에, 아이의 사회적 감정은 결코 발달하지 않았다.

"어머니와 아버지는 늘 지친 상태이고, 소년은 절대로 지치지 않는다."

틀림없이, 아이는 자신이 하는 짓을 즐기고 있기 때문에 지치지 않는다. 어머니와 아버지는 소년과 함께 지내는 것을 즐기지 않으며, 그 같은 사실 때문에 그들은 지치게 되어 있다. 이 예에서 폭력은 도움이 되지 않는다. 아이는 강압적으로 행동하게 되는 경우에 그에 대해 보복할 길을 찾을 것이다.

"아이는 생각하지 않거나, 집중하지 않는다."

아이의 라이프스타일은 생각을 필요로 하지 않으며, 아이는 준비도 되어 있지 않다. 지금쯤 아이는 홀로 활동할 수 있어야 하지만, 그렇게 하지 못한다.

"아이는 유아원에 한 번도 다니지 않았다."

분명히, 어머니의 임무는 소년을 홀로 지키는 것이었다. 우리는 이 모든 요인들이 서로 어떻게 연결되어 있는지를 알 수 있어야 한다. 또 전체적인 개인의 어느 한 부분을 다루고 있다는 사실을 알아야만, 우리는 이 소년을 이해한다고 주장할 수 있다. 이해한다는 것은 일들을 파편들의 어떤 총합으로 보지 않고 그 맥락 속에서 본다는 뜻이다.

2장
문제아의 과거에 대하여

지난번 강연에서, 나는 남동생의 등장으로 인해 중앙의 안락한 자리에서 밀려난 다섯 살짜리 소년에 대해 논했다. 이 소년은 지금 그 자리를 다시 찾으려고 애쓰고 있다.

이 지점에서, 우리는 학교에서 문제아를 다뤄야 하는 때에 떠올리는 몇 가지 질문을 던져야 한다. 인간들이 제멋대로 돌아다니던 시기까지 거슬러 올라가는 어떤 선천적인 유전적 본능이 존재할 수 있는가? 심리학의 현대 이론들은 그런 것이 지금도 존재한다는 입장을 보이고 있다. 우리가 논하는 이 예에서, 그 같은 가설은 제기될 수 없다. 그런 이론에 의지하는 것은 만족스럽지는 않아도 유혹적이긴 하지만, 개인 심리학은 그 사상을 받아들이지 않는다. 우리는 아이가 균형 상태를 다시 확립할 수 있기를 원한다.

개인 심리학의 이런 관점이 중요하다. 만약 아이가 가족과 함께 지내는 동안에 이미 시험에 실패한 상태에서 새로운 시험이 기다리고 있는 학교에 들어간다면, 그 아이에게 어떤 일이 일어나겠는가? 아이는 이미 어떤 목표를 설정해 놓은 상태이다. 그렇기 때문에 아이는 학교에 적응하려고 노력하지 않는 한 사람의 완전한 개인으로서 학교에 들어간다. 아이는 이전의 안락한 상황을 다시 누리기를 바라며 관심의 중심이 되려고 노력한다. 아이는 습관적인 행동을 따르며 다양한 방식으로 자신의 의도를 드러낼 것이다. 이 아이는 우리가 아이의 재교육을 책임지기 위해서 학교에 어느 정도 의존해야 하는지를 보여준다. 우리는 아이들을 이미 완성된 상태로 받는다. 사람들은 우리가 부모들이 성취하지 못한 것을 바로잡아줄 것이라고 기대한다. 당연히 우리는 옳은 일을 행하는 것으로 시작해야 한다. 왜냐하면 사회가 우리에게 부모들이 초기 단계에 한 것보다 더 잘 할 것이라고 기대하기 때문이다.

나는 학교에서 문제아들이 집에서 배운 것을 드러내는 수많은 방식과, 아이들이 자신의 길을 계속 고수하도록 하는 충동들을 굳이 열거할 필요성을 느끼지 않는다. 4, 5년에 걸쳐 어떤 특별한 행동이나 상황에 익숙해지고, 이미 범주화할 수 있는 어떤 태도를 채택한 뒤에, 아이가 어떤 상황에서든 그런 식으로 행동하지 않을 것이라고 추측하는 것은 어리석은 짓이다.

학생들이 저마다 특별한 어떤 유형을 나타내기 때문에, 우리는 그 학생이 주어진 어떤 상황에서 어떻게 행동할 것인지를 짐작할 수 있다. 또 우리는 아이의 사회적 행동이 동일한 어떤 역할과 지속적으로 맞아떨어질 것이라고 짐작할 수 있다. 그런 아이가 자신의 역할과 맞지 않는 어떤 문제에 봉착할 때, 우리는 그 아이가 얼마나 많은 것을 성취할 수 있는지를 분명히 볼 수 있다. 이 상황은 늘 코믹한 역할을 맡았던 어떤 배우가 갑자기 비극을 연기해야 하는 무대의 상황과 비슷하다. 그런 경우에 극장의 관중은 그냥 웃기 시작한다.

모든 아이는 자신이 특별한 어떤 역할을 맡는다는 것을 자각하는 가운데 삶의 현실 속으로 들어갈 것이고, 거기에 따라서 행동할 것이다. 그 같은 사실을 인정하는 것이 대단히 중요하다. 우리의 목표가 아이가 자신의 과제를 대하는 태도가 어떤지를 이해하는 것이고, 특별히 우리가 아이의 품행을 예측할 수 있기를 바라기 때문이다. 우리의 과제는 아이의 그런 삶의 계획에 내포된 그릇된 적응을 발견하여 바로잡는 것이다.

이 예에서, 어머니가 채택한 처벌은 아무런 효과를 발휘하지 못했다. 왜냐하면 소년이 자신의 목표를 성취하며 만족감을 느꼈기 때문이다. 아이가 램프를 껐고, 따라서 아이의 어머니가 아이에게 몰두해야 했던 때가 그런 예이다. 그때 아이는 자신이 옳다는 감정을, 또 자신이 있어야 할 자리에 있다는 감정을 느꼈다. 아이는 학교에서도 관심의 중심을 차지할 것이고, 아이는 중심적인 역할을 맡으려는 욕망을 단념하지 않을 것이다. 이런 행동은 과도하게 응석받이로 키워진 아이들에게 전형적으로 나타난다.

응석받이 양육은 어디서 시작하고 어디서 끝나는가? 어떤 아이는 신체적으로 허약하기 때문에 자연스럽게 처음부터 도움을 필요로 한다. 개인은 출생 초기의 허약과 약함, 불안 때문에 다른 사람의 보살핌에 의존해야 하는 사회적 생명체이다.

어떤 사람의 내적 삶의 발달과 관련 있는 모든 문제에서, 원인과 자극은 다른 문제들과도 밀접하게 연결된다. 그 원인과 자극이 이처럼 맥락 속에서 중요성을 지닌다는 사실은 아이에게만 적용되는 것이 아니라 우리 모두에게도 적용된다. 욕망이든 본능이든 상관없이, 이 같은 구조는 아이의 전체 발달에 영향을 미친다. 우리가 모르고 있을지라도, 언제나 사회적 맥락이 전제조건이다.

인간은 방향이 정해진 욕망들을 품은 상태에서 태어나지 않는다. 그러나 일부 사람들은 자신의 욕망을 사회적 연결로부터 성공적으로 분리시킨다. 바로 그런 이유로, 대부분의 심리학자들은 인간이 본래 나쁜 심성을 가진 상태로 태어났다가 필요에 의해서 자신의 욕망을 사회의 안녕에 반하지 않는 쪽으로 훈련시키고 변화시킨다고 생각한다. 그러나 그와 정반대가 진실이다.

아이가 이 세상에 갖고 오는 모든 것은 타고난 모든 가능성과 더불어, 아이가 가장 중요하게 여기는 사회적 구조 속으로 통합된다. 이 같은 통합의 과정은 개인의 허약과 열등 때문에 근본적이다. 동물의 세계에서도 이런 경향이 관찰된다. 태생적으로 스스로를 지키기 어려운 상태로 태어나는 동물들은 군집을 이루는 경향을 보인다. 허약한 동물들은 함께 모이고, 그렇게 함으로써 그 동물들은 생존을 보장해 줄 힘을 새롭게 얻는다. 허약한 본성 때문에, 인간들은 공동체를 이루며 산다. 개인이 공동체 안으로 갖고 오는 것은 중요하지 않으며, 그 개인이 공동체를 어떻게 보는가 하는 것이 중요하다.

지금 논의 중인 예에서, 우리는 부유한 가정에 태어난 건강한 소년을 볼 수 있다. 이 아이는 준비가 제대로 되어 있지 않은 사회적 역할을 직면할 때 문제 행동을 보인다. 우리는 이 아이의 문제 행동의 원인을 파악했다. 아이는 태어날 때부터 원하는 것이면 무엇이든 가질 수 있었다. 동생이 태어나기 전까지, 아이는 대단히 넓은 영역을 완전히 지배할 수 있었다. 아이는 자신이 필요로 하는 것을 충족시키지 못할 경우에 대비한 준비가 제대로 되어 있지 않았으며, 그런 현실에 맞서 아이는 힘을 통해서 자신의 필요를 충족시킬 다른 방법들을 추구하고 있다. 지금 우리는 아이가 출생 후에 적응했어야 했던 쪽으로 소년을 적응시킬 방법을 찾고 있다. 우리는 소년 자신이 쓸모 있는 존재가 되고 타인들에게도 이로운 존재가 될 수 있는 길을 열어 보임으로써, 소년의 활동 범위를 넓혀 줘야 한다. 응석받이로 자란 소년으로서, 아이는 이 가르침을 결코 배우지 못했다. 그의 모든 관심이 자기 자신에게로 집중되었기 때문이다. 그런 가르침이 필요하지도 않았기 때문에, 아이는 자기 외에 다른 사람에게 절대로 관심을 두지 않았다.

감각 기관들의 모든 작용과 성취를 이해하는 것은 오직 그것들을 서로 결합되어 움직이는 하나의 전체로 파악할 때에만 가능하다. 우리가 누군가를 볼 때, 우리는 그 사람과 연결된다. 우리가 말을 할 때, 우리는 그 사람과 추가적으로 연결된다. 우리가 이 요소들을 그것들이 나타내는 것을 바탕으로 이해할 때, 이 요소들이 의미를 지니게 된다. 우리는 아이의 표정으로부터 사회적 감정의 크기를 읽을 수 있다. 사람의 눈을 똑바로 보지 못하는 아이들은 타인과의 접촉을 피해야 할 이유를 갖고 있다는 명백한 증거를 우리에게 보여주고 있다. 말을 하는 능력은 아이가 접촉을 확립할 능력을 갖추고 있다는 사실을 증명한다. 만약 우리가 타인과 접촉할 욕망을 전혀 품고 있지 않거나, 접촉할 준비가 되어 있지 않거나, 삶의 계획이 연결을 확립하는 경향을 보이지 않는다면, 우리는 타인들과 연결을 맺지 못한다. 이 요소들은 한 개인을 이해하는 데 가장 훌륭한 안내인의 역할을 할 것이다. 그러나 독특한 형태들의 표현이나 단편적인 증거에 매달리지 않도록 조심해야 한다. 우리의 판단을 뒷받침할 새로운 증거를 추가로 더 찾는 것을 의무로 여겨야 한다. 단순히 개별적인 심리적 관찰을 강조하는 경우에 복합적으로 얽힌 측면을 간과하기 쉽기 때문이다.

사회적 감정의 약화를 보여주는 개인적 징후들을 조사해야 한다. 욕구들에 대해 논할 때, 나는 그 욕구들이 어떤 일로 이어질 것인지에 대해 자신 있게 말하지 못한다. 그러나 만약 내가 모든 욕구들이 우리를 둘러싸고 있는 이 사회적 그물망 안에 갇혀 있다는 것을 안다면, 그런 경우에 나는 그 욕구가 무엇을 의미하는지 알 수 있다.

자비가 사회적 이상으로 여겨져야 한다. 인류를 하나의 단일체로 이해하고 느끼도록 하는 것이 바로 개인의 사회적 감정이다. 우리 사회는 아직 그 단계까지 발달하지 않았다. 사회적 성숙이라는 측면에서 측정한다면, 인류는 지속적으로 발달하는 단계에 놓여 있다. 자연이 인간들을 고아로 여기기 때문에, 사람들은 사회적 존재가 아닌 다른 방향으로는 발달을 꾀하지 못한다. 모두가 전체의 일부가 되어야 하고, 자신의 역할을 통해서 전체에 기여해야 한다.

우리는 아이들을 사회 발전에 필요한 도구로 다듬어내는 임무를 맡고 있다. 바로 이 임무가 삶의 철학으로서 개인 심리학의 핵심을 이루고 있다. 구체적인 부분들만을 검토하는 것은 전혀 아무런 가치를 지니지 않는다. 우리는 누군가의 결정들 하나하나를 안내하고 있는 개인적 목표를 찾아내야 한다. 그 개인은 통찰을 얻지 못하는 한 그 목표에서 벗어나지 못한다. 이 목표를 파악하기만 하면, 우리는 그 개인의 징후들이 드러내는 카오스 속에서도 어떤 방향을 찾을 수 있다.

목표가 없으면, 우리는 생각도 하지 못하고 행동도 하지 못하고 느끼지도 못한다. 무엇을 하든, 그 일에서 목표를 설정하는 일을 피하지 못한다. 간단히 선을 하나 긋는다고 가정해 보자. 그때도 우리는 어떤 목표에 대해 생각할 때에만 선을 끝까지 그을 수 있다. 그냥 욕구만으로는 선을 그리지 못한다. 목표를 설정하기 전에는 어떤 행동도 하지 못하기 때문이다. 미리 볼 수 있을 때에만 어떤 경로를 따를 수 있으니 말이다. 우리는 행동할 수 있는, 살아 있는 존재이기 때문에 목표를 설정한다. 만약에 우리가 꽃이나 식물이라면, 목표 설정은 전혀 아무런 의미를 지니지 않을 것이다.

내적 삶은 움직임이다. 내적 삶은 오직 자유롭게 움직이는 생물의 형태에서만 존재한다. 설령 어떤 식물이 내적 삶을 갖고 있고, 생각하고, 느끼고, 이해하는 능력을 조금 갖추었다 할지라도, 식물은 단단히 뿌리를 내리고 있어서 움직이지 못하기 때문에 그런 능력을 절대로 활용하지 못한다. 식물의 상황은 움직일 수 있는 생물의 형태와 꽤 다르다. 움직이는 생물의 형태들은 움직일 수 있는 능력 때문에 자신이 하려는 것을 미리 준비해야 한다. 위험을 피하거나, 일부 필요를 충족시켜야 하기 때문이다. 그런 생물의 형태들은 앞을 미리 내다봐야 한다.

우리가 내적 삶이라고 이해하고 있는 그것은 예견하는 그 무엇이고, 하나의 단일체로서 발달하는 그 무엇이다. 우리가 생각하는 능력으로 여기고 있는 그것은 미리 앞을 내다보고, 무언가가 어떤 모양을 취하게 될 것인지를 추론하고, 대응할 행동을 계획한다. 우리의 욕구가 사회적 구조 안에 얽혀 있기 때문에, 우리의 행동은 우리가 목표를 설정하는 방법이 사회를 적절히 고려하고 있는지 여부를 보여준다.

문제아들은 사회의 규칙들과 일치하지 않는 목표를 따르고 있다. 그러나 그 목표도 보다 커지려고 하고, 자신을 위해 어떤 위치를 발견하려고 하는 그 개인의 노력과는 일치할 수 있다. 그런데 이 위치가 사회의 요구와 충돌을 일으킨다. 그 개인은 자신이 타인들보다 우위라고 느낄 수 있는 그런 위치를 찾는다. 그러나 거기서 그는 사회의 유일한 구성원이 아니라 쓸모없는 존재가 될 것이다. 이 원리에서, 우리는 개인 심리학을 적용하는 출발점을 발견한다.

첫째, 우리가 듣는 불평들의 진상부터 파악해야 한다. 왜냐하면 이 아이가 사회적 구조의 일부를 이루지 못하고 사회적 구조 밖에서 쓸모없는 사람으로 살고 있기 때문이다. 지금 우리는 이상적인 동료 인간을 키워내야 하는 도전에 직면하고 있다. 그런 공동체 감정이 저절로 생길 수 있다는 헛된 망상을 품어서는 안 된다. 그러나 우리는 공동체 감정을 촉진시키려는 노력을 창의적으로 펼쳐야 하고, 창의력을 발휘함으로써 아이가 그 목표를 향해 발달하도록 이끌 수 있어야 한다. 우정과 사랑, 결혼, 학교, 정치적 신념을 비롯한 삶의 모든 상황은 아이에게 사회에 유익한 방향으로 준비할 것을 요구한다. 아이가 이 과제들을 대하는 태도는 아이가 그것들을 다룰 준비를 어느 정도 갖추었는지를 보여준다.

우리의 임무는 조사하는 것이다. 어떤 아이가 긍정적인 삶을 영위하다가 형제가 생긴 시점부터 관심과 과도한 인정을 얻기 위해 부정적인 방향으로 노력하기 시작한 것처럼 보인다면, 우리는 그것이 어찌하여 유익한 방향의 우월 목표가 될 수 없는지를 이해할 수 있다. 그런 목표는 건강한 양육에서는 절대로 나올 수 없다. 우리는 너무나 많은 아이들이 어려움에 직면할 때 준비가 부족하다는 점을 드러내는 이유를 알기를 원한다. 우리는 또한 그런 아이들이 그런 준비 부족을 어떤 식으로 드러내는지를 알기를 원한다. 아이가 삶을 위한 준비를 제대로 갖추지 못하게 할 사건이 일어났는가? 어느 아이가 아무것도 배우지 못했던 학교에서 다른 학생들이 자기보다 앞서 나가고 있는 다른 학교로 전학 갈 때, 우리는 그 아이가 준비 부족을 드러내는지 여부를 확인하기를 원하고, 아울러 어쩌다 그렇게 되었는지 그 이유를 이해하길 원한다. 준비의 중요성은 몇 년 동안 어머니나 아버지, 삼촌이나 누나에게 배우다가 공립학교에 들어간 아이들에게도 그대로 적용된다.

그렇다면 그런 아이들은 어떤 식으로 다뤄야 하는가? 단순히 아이가 기대한 만큼 학업을 따라잡지 못한다는 사실을 파악하는 것으로는 절대로 충분하지 않다. 교사는 아이가 결여하고 있는 것이 무엇인지를 알아내야 하고, 아이를 다른 아이들의 수준으로 끌어올릴 길을 발견해야 한다. 모든 교사는 이 과제를 본능적으로 성취하지만, 개인 심리학은 이 과제의 가치를 과학적으로 확립하려고 노력한다.

그런 상황에서, 경험 풍부한 임상 심리학자가 우리를 도울 수 있다. 우리 심리학자들은 그런 결함이 문제아로 나타나는 예들뿐만 아니라, 신경증과 정신 지체, 범죄, 자살 성향, 알코올 중독, 성적 도착, 매춘 경향 등으로 나타나는 예들까지 치료한다. 우리는 이런 예들을 현미경을 들여다보듯 세밀하게 분석한다. 아울러 구체적인 어떤 아이가 어려운 상황에 처하는 경우에 그 상황을 해결하지 못할 것이라고 예측하면서, 종종 그런 예를 미리 보기도 한다.

문제아들의 경우에, 문제에 직면할 때 용기의 결여를 드러내는 예가 자주 보인다. 따라서 우리는 문제아에게는 사회의 유익한 구성원이 되려고 노력함으로써 예전의 호의적인 상황을 다시 확립할 용기가 없다고 추측할 수 있다. 그 아이는 이 과제를 보다 쉬운 길로, 말하자면 아이가 강력하다는 감정을 느끼도록 하기는 하지만 용기를 필요로 하지는 않는 길로 성취하려고 노력한다. 특정한 이 아이의 과거를 보다 자세히 들여다보면, 그 아이가 밤에 무서워하며 침대를 뛰쳐나와 보호를 위해 어머니에게로 달려갔다는 사실이 확인된다. 우리는 또한 보고서에서 이 아이가 낯선 사람들에게 접근할 때 눈을 내리깐다는 내용을 읽는다.

쓸모없는 삶을 영위하고 있는 사람은 용기를 잃은 상태로 지낸다. 자신이 과제를 해결할 수 있는 힘을 갖고 있다고 믿지 않으면서, 그런 사람은 보다 쉬운 길을 찾는다. 인생에서 실패한 사람은 용기를 전혀 갖고 있지 않다. 범죄자도 용기가 전혀 없다. 범죄자는 교활하게 행동함으로써 다른 사람보다 더 강하려고 노력하고 우위에 서려고 노력한다. 도둑은 집 안에 아무도 없을 때에만, 말하자면 처음부터 자신이 더 강할 수 있을 때에만 집을 침입한다. 살인자는 자기보다 약해 보이는 사람만 죽인다. 그럼에도 불구하고, 나는 범죄자들에 대해 어느 정도 낙관적인 편이다. 왜냐하면, 범죄자가 용기를 잃은 뒤에만 범죄자가 된다는 사실을 이해한다면, 우리가 많은 것을 바꿔놓을 수 있기 때문이다. 나라의 법을 회피하는 것은 절대로 승리가 될 수 없다. 더욱 많은 사람들이 범죄는 비겁의 한 표현이라는 것을 인정해야 한다.

교사 2명이 잠자고 있는 방을 침입한 어느 도둑에 관한 이야기를 들은 적이 있다. 이 교사 중 한 사람이 그런 행위를 하는 도둑을 호되게 꾸짖으며, 정직한 일로 생계를 꾸리지 않는 이유를 물었다. 그러자 도둑은 권총을 든 채 이렇게 대답했다. "당신은 이런 일에 어떤 문제들이 얽혀 있는지 않습니까?" 도둑의 반응은 용기의 결여를 드러냈다. 사회적 감정을 벗어나는 행위는 절대로 용기를 보여주지 않는다.

준비 부족의 원인은 초기 어린 시절에 있다. 이 시기의 특징은 삶의 초기 단계에 있는 아이가 부담을 무겁게 지는 것처럼 보이도록 만드는 상황이 자주 벌어진다는 점이다. 지나치게 부담을 많이 진 아이는 평균적인 상황에서 자라는 아이만큼 발달하지 못한다. 무엇이 아이에게 그렇게 큰 짐으로 작용하고 있는가? 어떤 아이들은 다른 아이들에 비해 체력적으로 약하고, 열등한 신체 기관을 가진 채 태어나고, 삶의 초기에 병에 걸려 행복을 박탈당한다. 모유조차 소화시키지 못하는 허약한 소화기 계통 때문에 고생하는 일부 아이들은 구토를 하고, 경련을 일으키고, 밤낮으로 불편을 느낀다. 그런 아이들의 경우에, 영양에 대한 욕구는 아이들을 해치지 않기 위해서 매우 조심스럽게 충족시켜야 한다.

그런 상황은 종종 오랫동안 지속된다. 그렇기 때문에 우리는 이 아이들이 낙원에 살고 있다고 생각하지 않는 이유를 쉽게 이해할 수 있다. 그런 상황에 처한 아이는 고통과 문제를 안은 상태에서 삶을 시작한다. 이 같은 사실은 아이가 타인에 대한 관심을 결여하고 있는 이유를 설명해준다. 심한 고통을 겪고, 우울하고, 과도한 부담에 시달리는 이런 유형의 아이는 타인들에게 관심을 갖지 않는다. 그런 아이들의 주의를 끄는 모든 것은 영양과 연결된다. 많은 아이들이 음식에 대한 욕구를 충족시키는 일에 주된 관심을 보이며 자란다. 그런 관심이 그들을 지배한다. 훗날 그들은 먹는 것과 관련 있는 꿈을 꿀 것이다. 그들의 관심은 주로 다음에 무엇을 먹을 것인지에 쏟아질 것이다.

그런 관심조차도 예를 들어 세련된 미각을 발달시킴으로써 유익한 노력으로 이어질 수 있다. 그들은 훌륭한 요리사가 될 수 있고, 음식 앞에서 편안함을 느낄 것이다. 우리는 그런 고조된 관심이 그들의 삶 끝까지 지속될 수 있다는 것을 확인하며, 어떤 환경에 처하든 그들은 음식과 관련 있는 것을 찾을 것이다.

육체적 허약은 내적 삶의 구조와 밀접하게 연결된다. 신체 기관들이 완전히 허약하지는 않을지라도, 한 가지 신체 기관만 열등해도 아이의 내면에 긴장이 일어난다. 건강한 아이를 형편없는 조건에 노출시킬 때, 그 아이에게도 허약한 장기를 가진 아이에게 일어나는 긴장과 다르지 않은 긴장이 일어난다. 우리는 그런 아이들에게 감각 기관이 특별히 중요해진다는 사실을 확인할 수 있었다.

형편없는 시력을 가진 아이들은 보지 못하는 상황을 견뎌내지 못하며, 실제로 자신이 볼 수 있는 상황을 추구할 것이다. 이런 아이들은 스스로 더 잘 하기를 바라고, 자신이 승리를 거둘 수 있는 상황을 만들려고 노력할 것이다. 시야에 관한 그들의 관심은 점점 더 커진다. 맹인을 제외하고, 시력이 약한 사람이 시야에 대해 품는 관심은 생각보다 훨씬 더 크다. 그들은 주의력이 대단하고, 집중하고, 색깔과 명암과 음영과 원근을 다른 사람들보다 훨씬 더 잘 본다.

정상적인 시력을 가진 아이가 훌륭한 화가가 될 수 있었을 것이라고 나는 생각하지 않는다. 대신에, 우리는 화가들 중에서 시력이 형편없는 사람들을 많이 발견한다. 근시 또는 원시이거나, 난시이거나, 색맹이거나, 색깔 구분에 어려움을 겪거나, 한쪽 눈만을 가진 사람이 많은 것이다. 형편없는 시력에 대한 이 같은 보상은 아이가 자신의 문제를 극복하고 성장하도록 강요하는 창의력이라는 측면에서 볼 때에만 이해가 가능해진다.

아이들이 시작 단계에서부터 주의력을 잃게 하는 또 다른 결함이 있다. 이 결함 때문에 많은 아이들이 용기를 잃고, 스스로 열등하다고 믿는다. 우리는 왼손잡이 아이들에게서 이런 반응을 발견한다. 개인 심리학을 활용하는 치료사들은 사람들 중 35% 내지 50%가 왼손잡이라는 사실을 발견한다. 그럼에도 그들 중에서 자신이 왼손잡이라는 사실을 알고 있는 사람은 10%에 지나지 않지만, 그들은 모두 왼손잡이를 경험한다.

우리의 문화는 대체로 오른손잡이를 요구한다. 왼손잡이 아이는 학교에 들어갈 때 적절히 준비가 되어 있지 않고 서툴다는 사실을 드러낸다. 그 때문에 아이는 비난을 듣거나 처벌을 받는다. 그런 아이들은 처음부터 다른 아이들만큼 잘 하지 못한다. 그러나 그 아이들은 다른 아이들만큼 성취하지 못한다는 것을 느끼지 않기 위해서 보다 약한 오른손을 사용하는 훈련을 해야 한다. 이 훈련은 상당한 시간의 투자와 적절한 방법을 요구한다.

몇 세기 전에, 읽기와 쓰기를 가르치는 데 동원된 방법은 부적절했다. 아인하르트(Einhart)[1]는 샤를마뉴(Charlemagne: 748-814) 대제가 쓰기와 읽기 기술을 배우려고 얼마나 노력했는지에 대해 썼다. 그러나 이 위대한 지도자는 "그 쪽에 재능이 전혀 없었기 때문에" 그 기술을 결코 획득하지 못했다. 분명히, 이 주제들을 가르치는 방법은 허약했다. 페스탈로치(Johann Heinrich Pestalozzi: 1746-1827) 이후로, 이 방법이 크게 향상되었다. 정신 지체를 겪는 사람들도 쓰기와 읽기를 배울 수 있다.

1 중세 최초의 전기인 '샤를마뉴 대제의 삶'과 '경건한 루트비히'를 쓴 프랑크 왕국의 역사가(775?-840).

교수법은 언제나 중요하다. 우리는 어떤 활동을 능숙하게 하기 위해 엄청나게 많은 훈련을 해놓고는 그 같은 사실을 모른 채 그 활동에 임하며, 누군가가 지적해 주지 않으면 그 기술을 배운 맥락을 이해하지 못한다. 왼손잡이의 경우에 오른손을 훈련시키는 것이 매우 특별한 임무이다. 일부 어린이들은 본능적으로 어떤 방법을 발견하거나, 주변의 격려를 받는 경우에 자신의 어려움을 극복하는 좋은 방법을 발견한다. 그 아이들은 그렇게 열심히 노력한 결과 성공을 거두게 될 때 좋은 기분을 느낄 것이다. 그런 아이들은 좋은 필체를 익히고, 선을 특별히 잘 긋는 법을 배울 것이다. 왼손잡이 중에서 상당한 비율의 사람들이 아름다운 필체를 자랑한다.

간단한 테스트로 왼손잡이의 비밀을 발견할 수 있다. 어떤 사람에게 그냥 손깍지를 끼도록 해 보라. 그러면 왼손잡이의 경우에 자연스럽게 왼쪽 엄지를 오른쪽 엄지 위에 놓을 것이다. 타고난 왼손잡이 중에서 많은 사람들은 솜씨가 특별히 뛰어나다. 그들이 훈련을 통해서 자신의 결함을 극복했기 때문이다. 그 문제를 극복하는 사람은 누구나 성공한다.

그러나 왼손잡이 중 과반수는 손동작이 서투르고 부적절한 상태를 보이며 문제를 극복하지 못한다. 어려움을 제대로 해결하지 못하는 그들은 삶의 과제들을 제대로 다루지 못한다. 그래서 많은 왼손잡이들이 문제아나 범죄자가 되고 자살자가 된다. 아이는 두 가지 중 하나를 선택한다. 낙담하거나 싸우는 것이다. 싸움으로써 아이는 자신을 발달시키는 좋은 방법을 발견하고 자신의 문제를 극복하려고 노력할 것이다. 아이가 왼손잡이라는 사실을 모르는 사람들은 아이가 재능이 없거나 게으르다고 믿기 쉽다. 게으름에 대한 유일한 설명은 아이가 성공할 것이라는 기대를 더 이상 품지 않고 있다는 것이다. 성공을 기대하는 사람들은 절대로 게으르지 않다. 게으름은 열등감을 나타내며, 이 열등감은 게으른 사람이 삶에서 어떤 문제에 직면할 때 명백히 드러난다.

우리는 발달의 다른 측면에서도 동일한 현상을 관찰할 수 있다. 어려움을 극복하려는 노력을 꾸준히 펼치지 않으려 하는 데 대한 설명은 언제나 동일하다. 용기의 부족과 타인들에 대한 관심의 결여, 그리고 이기심인 것이다. 문제아들이 언제나 회피적인 조치를 취하기 때문에, 우리는 그 아이들이 유익한 활동을 피하기 위해 어떤 조치를 취하는지 관찰해야 한다.

3장

어린이들의 라이프스타일

지금까지 다룬 내용은 두 가지 근본적인 질문과 연결된다. 준비 부족을 야기한 결함들은 아이의 삶에서 언제부터 존재했는가? 이 결함들이 나타나기 전에 아이에게 어떤 이상한 태도들이 있었는가?

나는 어느 아이의 내면에 심각한 열등감이 자리 잡도록 한 어린 시절의 상황을 어떻게 확인할 수 있는지를 보여주었다. 아울러 열등감을 야기하는 것들이 무엇인지에 대해서도 이야기했다. 그런 열등감은 설문을 통해서는 탐지되지 않는다. 그런 상태는 아이가 그것을 드러낼 어떤 구체적인 과제를 마주할 때에만 나타난다. 아이가 도전에 직면하지 않고 바라는 것을 모두 얻을 수 있는 한, 아이의 자기 평가는 절대로 일어나지 않을 것이다. 아이가 어떤 과제를 직면하는 상황에서만, 아이가 스스로 그 과제를 다룰 수 있다고 믿는지 여부가 드러날 것이다. 최종적으로, 우리는 아이의 믿음 뒤에 도사리고 있는 것을 발견할 수 있다.

아이가 걷고 움직이는 방식은 가장 기본적인 차원에서 어떤 감정적 반응을 나타내고 있으며, 우리는 이 감정적 반응을 이해하려고 노력해야 한다. 만약 아이가 스스로 잘 처리할 수 있다고 확신하는 어떤 문제를 다루는 것으로 시작한다면, 매우 낙관적인 어떤 영향이 그의 삶의 모든 단계에서 거듭 나타날 것이다. 우리는 그 아이에게서 활동과 창의적인 힘, 확신, 자신의 성취에 대한 믿음을 볼 것이다. 이 믿음은 겉으로 명백하게 드러날 것이고, 아이가 스스로를 표현하는 방식에 반영될 것이다.

이런 초기 신호들을 잘 이해하면, 아이가 머뭇거리거나, 절뚝거리며 걷거나, 자신감 없는 모습으로 주위를 두리번거리거나, 의심스러워하거나, 망설이거나 당황할 때, 그 상황의 진상을 밝히는 데 도움을 받을 수 있다. 그런 아이는 자신감이 부족하다. 만약 우리가 개인 대상의 테스트를 어느 한 곳에서만 실시하지 않고 여러 곳에서 실시한다면, 그런 측면에서 이해력을 더욱 높일 것이다.

우리는 아이의 자기 평가가 어떤 식으로 표현되고, 그것이 행동에 어떤 식으로 나타나는지를 결정하기 위해서 수평적으로 다양한 곳에서 조사를 실시해야 한다. 또 아이가 다양한 조건에서 안전감을 느끼는지 불안감을 느끼는지, 아이가 스스로를 타인들과 동등한 존재로 보는지 타인들보다 열등한 존재로 보는지를 분명히 확인해야 한다.

아울러 우리는 수직적으로 역사적 검토도 시작해야 한다. 현재의 징후들과 그 아이의 과거의 특이성들을 비교해야 하는 것이다. 그러면 그 아이의 라이프스타일의 기원을 말해주는 구조를 보여주는 어떤 노선이 나올 것이다. 이 노선을 바탕으로 우리는 조사하고 비교하고 확증할 수 있다. 그러면 인간의 내적 삶이 통일성을 보이기 때문에, 그 길의 모든 지점들과 아이가 스스로를 표현하는 모든 방법들이 그때나 지금이나 똑같은 것으로 확인될 것이다. 우리는 그 아이의 최초의 기억들에 대해 물을 수 있으며, 만약에 우리가 그 기억들을 이해한다면, 또 우리가 옛날의 기억들을 해독하는 데 경험을 쌓는다면, 우리는 그 아이의 체계를 드러내는 중심점을 쉽게 발견할 수 있다. 동시에, 우리는 무의식적 습관이 되어 버린 아이의 자기 평가를 측정하는 어떤 기준을 확보할 것이다.

무의식적 습관에 대해 구체적으로 설명하고 싶다. 아이가 삶의 초기에 겪는 모든 경험은 아이에게 영향을 끼친다. 그런 경험은 아이가 그 상황과 관련해서 어떤 입장을 가질 것을 강요하며, 그 입장은 어떤 우월 목표와 그것을 성취하는 방법을 포함하고 있다. 이처럼 아이가 존재감을 지속적으로 강화하려는 분투는 다양한 방식으로 모습을 드러낼 것이다. 그러는 가운데 어떤 훈련 과정이 아이의 내면에서 의식적으로나 무의식적으로 어떤 역할을 연기하고 있다는 느낌을 점점 더 키울 것이다.

그런 식으로 어느 정도 시간이 지나면, 무의식적인 어떤 지침이 나타난다. 이제 이 지침이 아이가 살아가면서 자신의 길을 열고 나가도록 만든다. 이 길은 아이의 습관적인 움직임과 표현 행식과 일치한다. 그러면 시를 암송하는 것과 비슷한 상황이 벌어진다. 시를 암송하는 경우에, 아이는 시의 단어들을 찾을 필요가 전혀 없다. 모든 단어들이 저절로 나온다. 시는 아이의 의식에 있지 않으며, 입에서 저절로 술술 흘러나온다. 악보를 통달한 피아니스트는 악보를 보지 않고 그냥 연주한다. 그는 음에 대해 더 이상 생각할 필요가 없다. 악보가 저절로 연주되는 것이다.

심리학에 관한 오늘날의 문헌에서, 무의식에 관한 이론은 에두아르트 폰 하르트만(Eduard von Hartmann: 1842-1906)이 제시한 것으로 받아들여지고 있다. 정신분석과 그 후의 다양한 심리학 학파들은 이 무의식에서 우리가 욕망의 한 표현(성욕)을 발견한다는 데에 어느 정도 동의하고 있다. 이 성욕은 유럽의 문화적 관점에서 보면 부정적으로 여겨지고 있는 것이 분명하다.

이 무의식은 나쁜 것으로 여겨진다. 이유는 삶을 향상시키기 위해서는 지배적인 어떤 문화적 지침이 사람들 사이에 서로 사이좋게 어울려 지내려 하는 도덕성이 촉진될 수 있도록 무의식을 덮어야 하기 때문이다. 정반대로, 개인 심리학은 인간이 부적절한 신체적 조건에도 불구하고 공동체의 개량시키는 영향력에 의해서 가장 중요한 보상적인 요소를 발달시켰다는 사실을 발견한다. 이 보상적인 요소 덕분에 인간은 공동체에 이로운 일을 하게 된 뒤로는 자신의 그릇된 욕망을 공동선에 기여하는 방향으로 돌려놓게 된다.

아이가 자신의 자질이나 능력을 제대로 파악하지 않고 있는 한, 아이의 자존감뿐만 아니라 아이의 라이프스타일도 일정한 상태로 남는다. 우리는 가정교육이 아이의 자기 인식을 일깨울 것이라고 기대하지만, 그 정도로는 절대로 충분하지 않다. 자기 인식은 아주 능동적이어야 한다. 그래야만 자기 인식과 옳은 행동 사이의 연결이 아이 자신과 우리에게 분명하게 드러날 수 있다. 어떤 유형의 회상들은 아이가 무엇을 의심하고 무엇을 느끼고 있는지를 보여주며, 그 아이는 자신이 의심하고 느끼고 있는 그것을 훗날 이해하게 될 것이다. 나는 자신의 라이프스타일에 대한 설명을 이해하지 못하는 아이를 한 번도 보지 못했다.

아주 어린 아이들까지도 라이프스타일을 너무나 분명하게 알아보며, 그렇기 때문에 아이들은 자신의 라이프스타일을 변화시킬 수 있다. 어린 아이도 라이프스타일을 안다는 사실을 보여주는 예를 제시하고 싶다. 두 살짜리 소녀가 테이블 위에서 춤을 추고 있었다. 그때 엄마가 깜짝 놀라며 "빨리 내려와! 떨어지기 전에!"라고 외쳤다. 그래도 소녀는 태연하게 계속 춤을 췄다. 그러자 이 장면을 지켜보고 있던 세 살짜리 오빠가 동생을 향해 "거기 그대로 있어!"라고 소리를 질렀다. 그 즉시 어린 소녀는 테이블에서 내려왔다. 이 소년은 여동생의 라이프스타일을 이해하고 있었다. 틀림없이, 아이는 주위 사람의 말과 반대 방향으로 행동하면 스스로 중요한 존재라고 느낄 수 있다는 것을 배울 수 있다.

우리는 결함에 관심을 두고 있으며, 우리는 아이가 문제들로부터 얼마나 멀리까지 벗어날 수 있는지를, 또 아이가 행동 대신에 도움이 되지 않는 의지만을 보이고 있는지 여부를 관찰하기를 원한다. 심리학 문헌에서도 발견되는 어느 미신은 의지의 표현이 곧 행동의 시작을 알린다고 말한다. 기만을 꾀하는 이런 노력은 의지와 행동 사이의 엄청난 괴리를 숨기고 있다. 단순히 의지만 발견될 때, 우리는 아무 일도 일어나지 않을 것이라고 꽤 강하게 확신할 수 있다. 일부 아이들은 홀로 남지 않기 위해서 그 대가로 선의(善意)를 제시한다. 그럼에도 그 아이들은 변할 수 없다. 그들의 라이프스타일이 습관이 되었고, 그들의 의지가 라이프스타일에 맞춰져 있기 때문이다.

내가 모든 것들과 거의 부합한다는 이유로 하나의 모델로 여기고 있는 예를 하나 제시하고 싶다. 무의식적인 습관의 흔적을 추적하기 위해서, 우리는 아이의 초기 삶으로부터 다수의 세부적인 사항을, 그러니까 아이의 습관적인 태도의 형성에 기여한 사실들을 끌어내야 한다. 우리에게 제시되는 정보가 언제나 신뢰할 만한 것은 아니지만, 아이나 성인에게 어린 시절 초기를 돌아보며 마음에 떠오르는 것이면 무엇이든 말해달라고 부탁할 때, 우리는 그의 라이프스타일의 파편들을 수집하고 있다. 어떤 기억을 떠올리려고 노력할 때, 사람은 그 당시에 중요했지만 지금은 거의 수수께끼가 되어 버린 것을 고를 것이다. 이때 떠올려지는 중심점들은 자동적인 그의 라이프스타일에 깊이 각인되어 있다. 지금 우리는 무의식적인 어떤 지침을 다루고 있다. 이 지침은 적극적이고 창의적이지만 오직 한쪽 방향으로만 움직인다.

내가 제시하려는 예는 상당수의 결함을 보였던 열세 살 소년이다. 결함들이 아주 광범위했기 때문에, 소년은 공립학교 5학년에 재학 중에 쫓겨났다. 그는 최악의 학생이었으며, 절도 행위를 여러 차례 저지른 것으로 여겨졌다. 그는 종종 며칠 동안 사라지고는 집에도 오지 않고 학교에도 오지 않았다. 그러다가 그는 비참한 몰골로 제 발로 집에 돌아오거나 경찰에 붙잡혀 돌아왔다. 그는 무시당하는 아이의 그림을 보여주었으며, 그를 아는 사람들은 모두 그를 가망 없는 아이로 여겼다.

소년은 향상을 기대할 수 있는 소년원에 보내졌다. 이 기관에서 소년은 이전에 머리를 맞댄 적이 있는 교사를 배당받았다. 소년의 습관적인 태도를 감안하면서, 교사는 단순히 아이를 처벌하며 아이가 스스로 가망 없는 존재라고 느끼게 하는 것으로 만족하고 싶지 않았다. 교사는 이 아이와 함께 공부를 시작하기 전에 먼저 아이의 라이프스타일을 알기를 원했다. 교사는 개인 심리학이 옳은 경로라고 판단하는 길을 따랐다. 그는 자신이 어느 지점에서 조사를 시작하든, 완전성을 갖춘 무엇인가에 닿아야 한다고 생각했다.

그 아이가 스스로를 표현하는 방법들은 별개의 부분들로 분해될 수 없으며, 아이의 모든 표현은 그 소년이라는 인간의 통일성과 맞아 떨어져야 한다. 아이의 성적표부터 검토하면서, 교사는 소년이 첫 3년 동안에는 훌륭한 학생이었다는 사실을 발견했다. 소년의 성적은 4학년 때부터 나빠지기 시작했으며, 5학년 때도 마찬가지로 나빴다.

교사는 지금 이런 질문에 직면해 있다. 이 결함들이 언제부터 아이가 시험을 형편없이 칠 만큼 아이를 방해하고 나섰는가? 교사는 아이가 첫 3년 동안 동일한 선생 밑에서 배우다가 4학년 때부터 다른 선생에게 배우기 시작했다는 사실을 알아냈다. 교사는 아이의 첫 번째 선생이 다정하고 두 번째 선생이 다정하지 않고 엄격한 경우에만 그런 결함들이 나타난다는 것을 알았다. 소년은 교사의 짐작을 뒷받침해 주었다. 소년은 "4학년 선생님은 저를 좋아하지 않았어요."라고 말했다. 그래서 소년은 자신이 겪는 어려움들이 그 선생의 잘못이라고 느끼고 있었다.

아이의 말은 우리가 이 사례를 이해하도록 돕는다. 아이가 일어났다고 말하는 일이 굳이 사실일 필요는 없다. 왜냐하면 그 소년이 느끼는 것이 실제로 일어난 사건만큼이나 강하게 효력을 발휘하기 때문이다. 내가 문 밖에 호랑이가 와 있다고 믿는 것이나 실제로 호랑이가 문 밖에 있는 것이나 전혀 아무런 차이가 없다.

사실들은 중요하지 않다. 우리가 그 사실들을 어떻게 보는지만 중요하다. 이 정보를 근거로, 교사는 소년이 용기를 얻고 선생으로부터 사랑을 받고 있다고 느끼기만 한다면 다시 발전을 이룰 수 있을 것이라고 결론 내렸다. 소년은 애지중지 귀염을 받기를 원했다. 틀림없이 응석받이로 자랐을 이 소년은 가난하지만 관대한 가족 사이에서 성장했으며, 소년의 어머니가 아들이 독립적인 존재가 되지 못하도록 막았다. 소년은 모든 과제에 자신이 친절하게 다뤄져야 한다고 요구하는 상태에서 접근했다.

여기서 우리는 소년의 자존감 결여를 확인한다. 만약 누군가가 "협력은 하겠지만 조건이 있어요."라고 말한다면, 그것은 그 사람이 용기를 결여하고 있다는 뜻이다. 응석받이로 자란 아이들은 용기가 부족하다는 것을 우리는 잘 알고 있다. 그런데 이 용기 부족은 모든 일이 잘 돌아갈 때에는 반드시 분명하게 드러나지는 않는다.

교사는 소년에게 계속 질문을 던졌다. "훔친 물건은 어떻게 했니?" 이에 소년은 이렇게 대답했다. "저는 가난한 학생이었습니다. 그래서 급우들에게 선물을 주면, 그들이 저를 더 다정하게 대할 것이라고 생각했습니다."

이것은 아이들이 훔치는 동기로 자주 작용한다. 만약 이 소년이 그 모든 짓을 보다 다정하게 다뤄지길 바라며 했다면, 우리는 똑같은 형태의 표현을, 똑같은 삶의 태도를 다시 본다. 아이는 급우들로부터 다정하게 다뤄지기를 원했으며, 훔치는 외에 다른 방법을 결코 발견하지 못했다. 안타깝게도, 이 소년은 마치 자신이 옳은 길을 걷고 있는 것처럼, 그리고 자신에게는 다른 선택이 전혀 없는 것처럼 행동했다. 그것은 해결할 수 없는 문제이다. 친구를 얻을 수단을 전혀 갖추고 있지 않은 상태에서 어떻게 친구를 얻을 수 있겠는가?

교사는 다른 질문을 던졌다. "가출은 왜 했니?" 아이의 대답은 충분히 예상할 수 있는 것이었다. "숙제를 할당 받을 때, 저는 제가 어떻게 할 것인지 알고 있었습니다. 언제나 제가 가장 나쁜 점수를 받았으니까요." 많은 아이들이 지속적으로 처벌을 받고 나쁜 점수를 받는다는 이유로 학교에 가기 싫어한다. 그런 경우에 학부모에게 연락이 가고, 아버지가 학교에 불려가고, 소년의 벌은 집에서도 계속된다. 이 소년도 똑같은 상황에 처했다. 소년은 이렇게 말했다. "아버지가 제가 한 짓을, 제가 학교를 다시 빼먹은 사실을 알게 되었어오. 그래서 아버지가 몽둥이를 휘둘렀어요. 저를 아주 좋아하는 어머니는 매우 슬퍼하며 울었고 저에게 잘 해 주었어요." 달리 말하면, 소년은 따스함을 원하고 호감을 사기를 원했으며, 따라서 소년은 그 목표를 이루지 못하도록 막고 있는 상황들을 피했다. 아이의 결함 중 이 부분을 우리는 무단결석과 가출이라고 부른다. 그러나 자신이 있는 곳을 좋아하는 아이는 절대로 거기서 달아나지 않는다.

이런 질문을 던질 수 있다. 이 소년은 어떤 식으로 중요성을 확보하려고 노력하는가? 소년은 중요성을 성취하는 방법을 정확히 알았다. 그는 자신이 집에 돌아가면 근심에 빠졌던 어머니가 격하게 아들을 끌어안으며 입맞춤을 할 것이라는 사실을 잘 알고 있었다. 따라서 그는 애지중지 사랑 받는다는 목표를 달성할 수 있었다. 그의 모든 행동은 사랑을 받겠다는 동일한 목표 쪽으로 움직인다. 집에 돌아온 소년은 장작을 모아 밤에 어머니의 문 밖에 몰래 갖다 놓았다. 여기서 우리는 그가 학교에서 급우들에게 뇌물을 먹이기 위해 물건을 훔쳤을 때 따랐던 것과 동일한 행동 노선을 확인할 수 있다. 이 일이 달리 보일 수도 있지만, 그럼에도 그것은 그의 습관적인 라이프스타일의 동일한 표현이다. 모든 것이 동일한 목표 쪽으로 움직이고 있다. 현재의 모습 그 이상의 어떤 존재가 되는 것이 그 목표이다.

나는 이 소년이 어떻게 하여 물건을 훔치게 되었고, 그렇게 함으로써 소년이 자기 어머니와 어떻게 밀접하게 연결되었는지를 보여주는 몇 가지 관찰을 추가로 제시하고 싶다. 소년은 언젠가 낯선 사람이 도나우 강에 홍수가 났을 때 물에 빠진 사슴을 집으로 끌고가는 것을 보았다는 이

야기를 들려주었다. 소년은 또한 불타는 철도 차량을 떠올렸다. 거기서도 사람들이 차량에서 공을 끄집어내서 집으로 가져갔다고 했다. 여기서 우리는 소년에게 상당한 영향을 끼쳤음에 틀림없는 두 개의 중심점을 보고 있다. 이 중심점들은 그의 라이프스타일에서 절도로 다른 사람의 재산을 획득할 가능성을 가리키는 어떤 노선을 암시한다.

어린 시절 초기부터 어머니와 그렇게 밀접히 연결되었던 사실에 대해, 그는 이렇게 말한다. "제가 네 살 때, 아버지가 신문을 사러 보낸 적이 있었습니다. 그러나 …." 소년은 이미 개인 심리학 치료사에게 어떤 단서를 제공할 만큼 충분히 말했다. 그는 아버지에 대해 언급하기 시작했지만, 문장을 "그러나"라는 한 단어로 짧게 끝냈다. 다음 진술로부터, 우리는 배제하는 행위를 확인할 수 있다. "제가 삼촌에게 갔는데, 삼촌이 저를 어머니에게 데려다 주었어요." 달리 표현하면, 그는 최종적으로 어머니와 함께 있게 되었다.

이 소년이 지속적으로 유쾌한 상황을 발견하려고 노력할 것이기 때문에, 그의 라이프스타일은 자동적으로 낮은 자존감으로 이어지게 되어 있다. 이런 부류의 아이는 자신을 믿지 못하고, 독립적으로 행동하지 못하고, 언제나 버팀목을 찾을 것이다. 틀림없이, 어머니는 첫 번째 기능을 예외적인 방법으로 수행했다. 그녀는 아들에게 동료 인간이라는 감정을 전달했으나, 그것만으로는 충분하지 않다. 그녀는 아들에게 아버지로부터 시작해서 타인들과도 관계를 맺을 수 있는 기회를 제공했어야 했다. 우리는 그녀가 아들과 아버지 사이에 다정한 관계가 형성되도록 하는 데 실패했다는 사실을 확인할 수 있다. 이유는 그녀가 아들을 놓아주고 싶어 하지 않았고, 아들의 삶을 편하게 해 주기를 원했고, 아들을 지원하기 위해 끊임없이 아들 곁에 있었기 때문이다.

지금 소년은 해결할 수 없는 문제들을 직면하고 있다. 우리는 아이를 위해 무엇을 해야 하는지 알고 있다. 소년의 사회적 감정을 확장시키는 어머니의 두 번째 기능을 수행해야 한다. 우리는 소년의 사회적 감정의 노선을 확인했다. 소년은 물건을 훔칠 수도 있고, 달아날 수도 있고, 학교를 빼먹을 수도 있다. 그렇게 함으로써 소년은 다른 사람들의 이익을 해칠 수 있다.

당신은 소년의 행동에서 용기의 결여를 볼 수 있는가? 그는 꾸중을 들은 데다 나쁜 점수까지 예상되기 때문에 싸움을 포기하고 있다. 개인적 지위를 확보하려는 분투는 소년이 사회생활에 필요한 준비를 제대로 하지 못했다는 점을 분명히 드러내고 있다. 우리는 어머니의 첫 번째 기능을 수행할 때만 어머니의 두 번째 기능도 수행할 수 있다. 우리의 치료와 모든 교육적 치유는 어머니의 두 가지 기능을 성취하는 것을 바탕으로 하고 있다. 그 외에 다른 길은 절대로 있을 수 없다.

우리는 소년의 결점들을 발견해야 한다. 또 아이가 다른 사람의 경우에 처음부터가 아니라 성공을 거둔 뒤에나 요구하는 것을 미리 획득하기를 원한다는 사실도 아이에게 보여줘야 한다. 우리는 또한 소년에게 그가 무엇인가를 성취하기도 전에 평가를 받고 호감을 사고 존경을 받으려 노력하지만 그 일에 성공을 거두지 못하고 있다는 사실을 보여줘야 한다. 소년에게 예를 제시하며 그 같은 사실을 보여주면, 소년은 그 연결을 이해할 것이다.

우리는 소년이 자신의 라이프스타일에 갇혀 있다는 사실을, 또 소년의 낙담이 쓸모없는 이 무의식적 지침과 밀접히 연결되어 있다는 사실을 지적할 수 있다. 소년의 행동을 근거로 소년의 자존감의 수준을 파악할 수 있으며, 이 자존감의 수준과 다양한 형태의 자기 표현을 비교하면, 그림이 더욱 선명해진다.

만약 이 중심점들을 완전히 끌어내는 데 실패한다면, 우리는 종종 거북한 상황에 처할 것이다. 우리는 또한 경험이 풍부해질수록, 우리가 이 주제에 더욱 깊이 파고들 수 있고, 과제도 더욱 쉬워진다는 사실을 깨달을 것이다. 이런 아이들에게서 발견될 수 있는 라이프스타일과 자존감의 정도를 확인하는 데에 도움을 주는 설문지를 〈부록〉으로 첨부했다.

4장
힘든 상황에 처한 아이들

당신은 이제 나와 공동 연구자가 될 수 있을 만큼 충분히 많은 것을 알게 되었다. 말하자면, 당신은 우리가 함께 논의할 예들을 보고할 수 있다. 이제 문제아들에 관한 보고들을 읽고 이해하는 기술을 연습할 것이다. 아울러 라이프스타일, 즉 습관적이고 제한적인 삶의 태도를 변화시킬 수 있는 방법을 발견하려고 시도할 것이다.

가장 중요한 질문은 이 두 가지다. 아이의 행동에 대한 불만이 언제부터 시작되었는가? 아이가 어떤 상황에서 남의 이목을 끄는 행동을 보이는가?

적절히 처신하고, 삶의 문제들을 적당히 다루고, 그 문제들을 유익하고 일반적으로 용인되는 방식으로 해결하는 것은 이해력과 경험을 요구하는 사회적 과제들이다. 우리는 또한 학교 교육이 아이에게 강요하는 테스트들을 알고 있다. 무엇보다 먼저, 학교는 아이가 학교의 요구와 규칙에 적응할 준비가 어느 정도 되어 있는지를 확인하는 하나의 실험이 되어 준다. 그러나 학교의 분위기도 중요하다. 일부 학교에서는 예상하는 것보다 더 많은 아이들이 준비가 덜 되어 있다. 어린이들의 독특성에 대한 이해도가 낮거나 권위주의가 지배하는 학교에서 그런 현상이 특히 더 두드러진다. 우리 사회가 맹목적 복종을 옹호하지 않기 때문에, 많은 아이들이 가정에서 맹목적으로 복종하는 훈련을 받지 않는다. 엄격한 규율을 따르는 학교는 보다 관대한 가정에서 자란 아이들에게 지나치게 어려운 테스트를 안길 것이며, 그런 환경만 아니었다면 문제가 되지 않았을 아이까지 결함을 안고 있는 아이로 전락시킬 것이다.

학교 교육이 시작되면 학교 안에서나 학교 밖에서나 똑같이 새로운 상황들이 펼쳐진다. 교사가 바뀌거나, 다른 학교로 전학갈 필요성이 생기거나, 학급 내에서 아이의 지위가 바뀌거나, 급우들이 아이에게 다양한 영향을 끼칠 수 있는 것이다. 학교 밖의 영향도 아이의 태도를 크게 바꿔 놓을 수 있다. 다음 예가 보여주듯이, 아이에게는 가족의 격려가 대단히 중요하다.

열 살짜리 소녀가 울며불며 어머니와 함께 나를 찾아 왔다. 어머니는 겨우 몇 개월 전에 아이를 양부모에게서 데려 왔다고 설명했다. 소녀의 어머니는 아이가 태어나기 직전에 아이의 아버지와 이혼하는 바람에 딸을 포기해야 했다. 그녀의 딸은 양부모와 함께 사는 동안에 발달을 꽤 잘 이뤘으며, 학교에서도 향상을 보였고, 4학년으로 올라갈 참이었다.

이어서 나는 소녀의 어머니와 대화를 나눴다. 그녀는 남편이 알코올 중독자여서 함께 사는 것이 불가능했다면서, 아이가 남편의 결점 많은 본성 중 뭔가를 물려받았을지 모른다는 두려움을 표현했다. 그녀는 지금 아이를 모범적인 방식으로 키우기로 작정했다. 나는 그녀가 말하는 "모범적인 방식"이 무슨 뜻인지 확실히 알 수 없었다. 아이는 새 학교에서 4학년으로 시작했지만, 성적이 떨어져서 3학년으로 내려갔다. 거기서도 소녀는 학급을 따라잡지 못했고, 다수의 과목에서 낙제했다. 교사는 소녀에게 3학년에 적절하지 않다고 말하며, 소녀의 학업 수행력이 계속 그 수준에 머물 경우에 2학년으로 내려가야 한다고 덧붙였다.

소녀는 완벽하게 정상인 것처럼 보였다. 시골에 사는 소녀가 성공적으로 4학년까지 올라갈 수 있었다면, 그 소녀는 멍청하지 않다고 나는 혼자 생각했다. 어머니가 자기 딸이 똑똑했다고 말할 때, 나는 다른 요인이 작용했음에 틀림없다고 결론 내렸다. 나는 이 아이를 둘러싸고 있는 어려운 상황들을 깊이 캐고 들어갔다. 나는 소녀가 양부모에 의해 키워지다가 지금 자기 어머니와 지내고 있다는 사실을 알았다. 추가 질문을 통해, 소녀가 책을 읽거나 다른 활동을 할 때 주의를 집중하지 않는다는 사실이 드러났다. 소녀는 몽상에도 자주 빠졌고, 매우 슬픈 표정을 지었다. 어머니는 이렇게 말했다. "나는 이런 상황을 이해하지 못하겠어요. 남편에게 일어난 일을 피하기 위해 딸에게 매우 엄하게 대하고 있어요. 그런데도 딸은 진전을 이루지 못하고 있어요."

소녀의 상황에 대해 더욱 깊이 생각하면서, 나는 양부모와 함께 살았던 것이 소녀에게 좋은 경험이었음에 틀림없다고 결론 내렸다. 그래서 나는 양부모가 소녀를 어떻게 다뤘는지, 또 소녀가 지금도 양부모와 편지를 교환한다든지 하는 방법으로 접촉을 계속 유지하고 있는지에 대해 물었다. 소녀가 양부모와 9년이나 함께 살았기 때문에, 다른 이야기도 가능했다. 소녀가 설명하는 바와 같이, 그녀는 양부모와 매우 즐거운 삶을 영위했다. 나는 나 자신이 똑같은 상황에 처할 경우에, 다시 말해 양부모와의 멋진 삶을 빼앗기고 엄격한 생모와 함께 살게 될 경우에 어떻게 행동할 것인지 생각해 보았다. 이 소녀의 어머니는 딸의 양육에 적용하고 싶어 하는 어떤 본보기에 대해 생각하고 있었다. 나는 이 소녀가 지금 양부모와의 좋았던 시절을 떠올리며 낙담하고 있다고 추측했다. 만약 소녀가 양부모의 곁을 떠나기를 원한다면, 그녀는 자기 어머니에게로 갈 수 있었다. 그러나 그녀가 어머니와 함께 지내는 지금은 탈출할 길이 전혀 보이지 않았다. 아마 이 소녀는 속으로 "만약 내가 완전히 실패한다면, 그때는 어머니가 나를 버릴 것이고, 그러면 나는 양부모에게로 돌아가게 되겠지."라고 여러 번 말했을 것이다. 그녀는 덫에 갇힌 느낌을 받으며 거기서 빠져나오지 못하고 있다.

내가 던진 질문들에 대한 대답은 예상했던 대로였다. 그녀의 성장을 고려한다면, 나는 이 아이가 완전히 기가 꺾였을 수도 있다는 것을 이해할 수 있었다. 소녀는 양부모와 함께 살 때 얼마나 행복했는지에 대해 나에게 말해주었다. 학교도 좋아했고, 학업에 상당한 진척도 이뤘다고 했다. 나는 다시 그녀의 어머니에게 말해야 했다. 나는 소녀의 어머니에게 어떤 조치를 취해야 하는지 알고는 있지만 그녀가 그 일을 해낼 수 있을 것이라고 생각하지 않는다고 말해 주었다. 그러자 소녀의 어머니가 나에게 조언을 청했다. 그래서 나는 그녀에게 내가 그녀를 대신해서 소녀와 대화하며 그녀가 실수를 저질렀다는 점을 인정할 것이라고 일러주었다. 그러면서 나는 소녀의 어머니에게 엄마와 딸이 그냥 좋은 친구로서 함께 사는 것이 더 낫겠다고 딸에게 말할 것을 제안했다. 소녀의 어머니는 나의 조언을 따르기로 했다. 나는 그녀에게 새로운 관계를 실천하며 딸이 자신의 상황이 절망적이지 않고 어떤 실수로 야기되었다는 것을 느끼도록 유도하라고 조언했다. 동시에, 소녀의 어머니에게 2주일 뒤에 다시 나를 방문할 것을 요구했다.

2주일 뒤, 어머니와 딸이 즐거운 마음으로 환하게 웃으며 나타났다. 어머니는 또한 교사의 인사말까지 전해주었다. 교사는 2주일 전만 해도 최악의 학생이었던 소녀가 지금 꽤 큰 진전을 이루고 있다는 사실을 확인하게 되어 매우 기쁘다고 했다.

이 상황에서, 중요한 영향력은 불리한 처지 때문에 낙담하는 다른 아이들의 예와 마찬가지로 학교에서 비롯되지 않았다. 여기서 말하는 불리한 처지에는 빈곤과, 아이가 일터로 가도록 강요하며 학업에 쏟을 에너지를 고갈시키는, 점점 악화되는 가족 상황이 포함된다. 이런 아이들에게 삶은 암울하고 고독하다. 문제아들을 확인할 때, 우리는 그 아이들의 초기 역사를 깊이 들여다봐야 한다.

상급 학년의 아이들은 학교 안에도 있지 않고 학교 밖에도 있지 않은 부정적인 조건을 경험한다. 이 문제들은 아이의 건강과 관련 있다. 예를 들어, 간질을 앓는 아이들은 결국엔 완전히 실패하고 만다. 15세와 16세 사이의 고등학생들과 16세와 17세 사이의 학생들은 종종 청소년기의 정신적 질병의 조짐을 보일 수 있다. 그런 아이들은 간혹 부당하게 비판을 받거나 학대당한다. 그들의 결함이 적대감에서 비롯된 것이 아닌데도 말이다.

어떤 예에서든, 아이의 악의는 절대로 낙담의 시작이 아니며 언제나 낙담의 결과이다. 아이의 악의에 분노할 이유는 전혀 없다. 왜냐하면 악의가 불쾌한 일을 통해서라도 자존감을 확보하고, 쓸모없는 수단을 통해서라도 인정을 받으려는 마지막 노력이기 때문이다. 우리는 절대로 아이들과 싸워서는 안 되며, 단지 그들의 라이프스타일에서 실수들을 조사하고 발견해내야 한다.

내가 앞에서 말한 아이는 응석받이로 자라다가 갑자기 준비가 되어 있지 않은 어떤 상황에 직면했다. 보다 준비가 잘 된 아이는 이 소녀가 실패하는 곳에서 성공할 것이다.

종종, 어떤 질병이 아이의 실패를 야기할 수 있다는 사실이 확인된다. 예를 들어, 일부 독감 환자는 뇌에 심각한 손상을 입을 수 있다. 이런 뇌 손상을 입은 아이는 학교에서 예전만큼 수행력을 발휘하지 못하게 된다. 청각 장애가 생긴 아이는 처음에 옛날처럼 잘 수행하려 노력할 수 있다. 그 아이가 적응을 통해서 청각 장애 문제를 잘 해결할 때까지, 우리는 아이의 청각 훼손을 고려해야 한다. 빈혈 때문에 아픈 학생들은 다른 학생들만큼 성공하지 못한다. 왜냐하면 그 병이 그들을 끊임없이 피곤하게 만들기 때문이다. 우리는 또한 결핵이나 그와 비슷한 질병에 걸린 아이들과 아무도 알아주지 않는 고열로 힘들어 하는 아이들이 학업에 뒤떨어질 수 있다는 것도 이해할 수 있다.

일부 아이들이 병에서 회복한 뒤에 학업에서 퇴보하는 모습을 보이는 이유도 이해하도록 노력해야 한다. 장기간에 걸쳐 병을 앓는 과정에, 아이는 배움의 기술을 잃고 배움에 격차를 보이고, 따라서 가정교사를 필요로 할 것이다.

또 다른 중요한 사항이 자주 간과되고 있다. 병에 걸린 아이들은 종종 과도하게 애지중지 응석받이로 지내게 된다. 이런 상황은 병에 걸린 아이가 회복된 뒤에도 쉽게 포기하지 않으려 하는 환경이다. 자신이 누렸던 친밀을 갈망하면서, 그런 아이들은 행동을 바꿀 것이다. 일부 의사들이 훼손된 분비샘의 탓으로 돌리는, 회복 후에 나타나는 행동 문제들은 성홍열과 백일해 같은 병에 걸린 동안의 응석받이 때문에 생긴 것이다. 우리는 문제아에 관한 보고서들에서 종종 그 아이들이 성홍열을 앓는 동안에 행동을 나쁘게 하기 시작한다는 사실을 발견한다.

우리는 어떻게 부모가 심각한 병을 앓는 아이로 하여금 스스로 대단한 존재라고 생각하도록 만드는지 쉽게 이해할 수 있다. 그런 아이는 다시 병에 걸리기를 바랄 수도 있다. 아이들은 사소한 병을 심각한 병처럼 꾸미고, 부모에게 인상을 남기기 위해서 마치 중병을 앓는 것처럼 행동한다. 아이들은 또한 병을 오랫동안 끌고 가기를 원한다.

일부 아이들에게 병은 축복의 상태이다. 건강염려증 환자는 자신에게 호의적인 상황을 성취하기 위해서 고통을 최대한 부각시킬 것이다. 그러면 그에게는 어떤 요구사항도 제기되지 않을 것이고, 그는 아픈 몸이라는 인정을 더욱 확실히 받게 될 것이고, 누군가가 그를 돌볼 것이다. 그의 고통이 그가 관심의 중심에 서도록 만든다.

일부 예들에서, 아이가 병을 앓은 뒤에 보다 훌륭한 쪽으로 변화하고, 학업이 향상된다. 다음 예가 그런 예이다. 이 예는 어느 선생의 둘째 아이이다. 우리는 둘째가 어린이 발달의 일반적인 유형에서 벗어난다는 사실을 알고 있다. 둘째는 마치 달리기 경주에 나선 아이처럼 보일 것이다. 첫째를 따라잡기를 원하고, 모든 것을 최대한 빨리 획득하기를 바랄 것이다. 그런 아이가 강한 형제자매를 만날 때, 어려운 상황이 생겨날 수 있다. 이 예의 경우에, 아버지는 난감한 상황에 처한 가운데 아이를 청소년 훈련 시설에 수용시키기로 결정했다. 소년은 결핵성 고관절염에 걸려 1년을 침대에서 보냈다. 병에서 회복한 뒤에, 소년은 다시 학교에 나갔다.

그는 완전히 변하여 대단히 유쾌하고 근면한 아이가 되었다.

이 아이의 변화를 어떻게 설명할 수 있을까? 둘째인 이 소년은 아픈 동안에 자신이 정상에 서 있고 모든 사람이 자신에게 지속적으로 관심을 보인다는 느낌을 받았다. 소년은 자신이 정신적으로 뒤처지지 않는다는 말을 들었으며, 부모가 쏟는 보살핌을 근거로 부모의 사랑을 받고 있다는 것을 확실히 느꼈다. 이 경험은 소년에게 어떤 가르침을 주었으며, 소년으로 하여금 자신의 방법의 오류를 보도록 만들었다. 이 예는 아이가 정신적으로 훼손되지 않았다는 사실을 우리가 말이 아니라 행동으로 보여줌으로써 성공적인 해결책을 끌어내는 과정을 보여준다.

우리가 아이들이 학교에서 지내는 동안에 변화를 어떤 식으로 이룰 수 있는지를 배우기만 하면, 우리는 두 번째 질문에 봉착하게 된다. 아이의 라이프스타일이 형성되는 시기에, 그러니까 아이에게 습관적이고 그릇된 태도가 형성되는 시기인 네 살에서 다섯 살 사이에, 무슨 일이 일어났는가? 그때 일어난 일은 어떤 것이든 불문하고 아이가 완전히 실패하도록 했거나, 아이의 라이프스타일이 아이가 테스트를 거칠 때 다소 부적절해 보이도록 만들었다. 우리는 그때 상황이 어떠했든 상관없이 사회적 감정의 결여가 분명하게 드러난다는 사실을 확인했다.

생후 첫 4년에서 5년 사이에, 이 아이들은 부담을 지나치게 많이 졌으며, 그들은 자신에게 지워지지 않는 상처를 남긴 해로운 상황을 경험했다. 그런 아이들은 잘못된 통각을 발달시켰으며, 이 통각은 아이들이 세상을 다른 측면에서 보도록 만들고, 따라서 아이들이 사회적 상호작용에 적절하지 않은 목표를 설정하도록 만들었다. 어떤 도전에 직면하기라도 하면, 이 아이들은 쓸모없는 활동을 벌이는 경향을 보인다. 이것은 똑같이 용기를 결여하고 있는 3가지 유형의 아이들에게 적용된다. 열등한 신체 기관을 가진 아이들과 응석받이로 자란 아이들, 무시당한 아이들이 그 유형들이다.

이 범주들에 속하는 아이들은 자신이 살고 있는 환경 때문에 극도의 압박에 시달리며 과도한 부담을 지고 있으며, 거기에 따라 라이프스타일을 형성시켜야 한다. 이 아이들은 자신의 문제를 다루지 못하거나 오직 부분적으로만 해결할 것이다. 이 아이들은 아무것도 성취하지 못하며, 모든 것을 피하는 쪽을 선호할 것이다. 일부 아이들은 문제들을 해결하길 원하지만, 쉽게 지치고 목표에는 절대로 닿지 못한다.

많은 아이들은 삶의 문제들을 다룰 필요성을 제거할 수 있는 길을 추구한다. 우리는 그 아이들이 마치 감당하기 힘든 무엇인가를 짊어진 것처럼 행동한다는 인상을 지우지 못한다. 그 아이들은 두려워하고 비관적이다. 그런 아이들에게서는 평생에 걸쳐서, 호의적인 상황에 처한 때를 제외하고 모든 상황에서 그런 특징들이 관찰된다. 일부 상황에서 일들이 그 아이들에게 꽤 잘 돌아갈 때, 그들은 용기를 가진 것처럼 보인다. 그러다가도 다른 경로를 따라야 하는 상황에 처하면, 그들은 쉽게 낙담할 것이다. 이런 아이들은 모든 의무를 피하려는 경향을 보이고, 자존감을 확보하는 방법에 대해 자신만의 아이디어를 갖고 있다. 그 아이들은 자신만의 기준으로 만족을 추구한다.

일부 아이들은 다른 아이들과 잘 어울려 놀지 않거나, 자신이 감독의 위치에 설 수 있을 때에만 어울린다. 그 아이들은 대단한 소란을 일으키고, 스스로를 완전히 분리시킴으로써, 말하자면 가출을 함으로써 학교를 철저히 배제하려고 노력한다. 오랜 시간에 걸쳐서, 이 분리는 다양한 길로 나타난다. 아예 학교에 가고 싶어 하지 않는 아이들에게서 분리가 가장 분명하게 모습을 드러낸다.

어느 아이가 모든 희망을 포기하게 될 때, 그 다음 단계는 학교에 가지 않는 것이다. 그러나 아이가 학교를 벗어나 있을 수 없기 때문에, 아이는 거짓말을 하거나, 사인을 위조하거나 다른 기만행위를 행함으로써 학교를 피하려고 노력할 것이다. 물론, 모든 아이들이 그런 작전에 성공하지는 않지만, 만약 어떤 아이가 학교에 나가지 않는다면, 그 아이는 발각되지 않기 위해 어딘가에 숨을 것이다. 이런 아이들은 대부분 대도시에서 발견된다.

일부 아이들은 학교를 피하는 데 보다 뛰어나며, 다른 아이들은 스스로 행복하다고 여기기 때문에 학교를 피하는 방법을 배우지 않는다. 아이가 쓸모없는 삶을 영위하는 길들은, 말하자면 훔치고, 다른 아이들을 괴롭히고, 성적 비행을 저지르고, 강탈하는 행위들은 쉽게 배울 수 있다. 이 아이들은 대부분 발각되지 않았다. 아마 모든 도둑 또는 거짓말쟁이는 처벌을 피했을 것이며, 모든 위조자는 어느 땐가는 자신이 추구하는 일에서 성공을 거두었을 것이다. 어떤 아이에게는 그릇된 일을 성공적으로 행한 뒤에 그 같은 사실에 대해 다른 아이들에게 자랑하는 것이 매우 의미 있는 일이 된다. 최종적으로, 무시당한 아이들의 집단이 조직된다. 함께 모이는 것이 개별 구성원보다 더 강하기 때문이다. 그런 집단의 구성원들이 사회를 위협하며 증가하고 있다. 붙잡히는 경우에, 그들은 자신이 단지 충분히 똑똑하지 않았을 뿐이라고 믿으며, 조금만 더 똑똑했더라면 붙잡히지 않았을 것이라고 고집하며 자신의 딜레마를 합리화한다. 그들은 절대로 붙잡히지 않는 가운데 무엇이든 할 수 있다고 생각한다. 우월을 위한 그들의 목표는 교활해지고, 간교해지고, 타인들을 기만하는 것이다.

지금 우리는 예방을 고려해야 한다. 교사들은 절대로 아이들을 낙담시키면 안 된다. 만약 어떤 아이가 스스로 학교에서 잘 해 나갈 수 있다고 확신한다면, 범죄를 저지르거나 갱을 조직하려는 유치한 경향이 사라질 것이다. 청소년의 비행(非行) 분야의 모든 전문가는 낙담한 아이들은 더 이상 자신이 유익한 일을 할 수 있다고 믿지 않는다는 점에 동의한다. 그런 아이들은 용기가 부족하고, 귀신을 무서워하고, 혼자 있거나 어둠 속에 남는 것을 두려워한다. 그런 아이들이 처음부터 타인들이 자신의 짐을 대신 짊어져 줄 것이라고 기대한다는 것을 알고 있기 때문에, 우리는 그런 사실 앞에서 놀라지 않는다. 그런 아이들은 "어머니가 나를 버릇없이 길러서 이렇게 되었어요."라거나 "어릴 때 언제나 거부당하다 보니 이렇게 되었어요."라고 고백한다. 범죄자들 중에 추하게 생겼거나 지체장애를 가진 아이들이 많다는 것에 대해서는 언급할 필요도 없다. 교사의 과제는 이 아이들이 삶의 요구들을 유익한 방향으로 충족시킬 수 있도록 자신감을 높여주는 것이다.

개인 심리학은 낙관적인 전망을 갖고 있으며, 재능과 능력을 사람이 타고나는 것으로 여기지 않는다. 모든 사람이 재능을 타고나는 것이라고 믿는다는 이유로 그런 견해를 믿으면서 온갖 종류의 어리석은 것을 동원하며 그 같은 입장을 고수하는 이들에게, 나는 여자가 마녀로서 마지막으로 화형에 처해진 것이 불과 150년 전의 일이라는 사실을 강조하고 싶다. 그때까지, 대단히 많은 여자들이 믿기 어려울 정도의 고문에 시달리다가 마녀로서 죽음을 맞았다. 학식 높았던 권위자들과 판사들, 성직자들, 심지어 여자들조차도 마술을 믿었다. 오늘날에는 누가 일반적으로 지켜지는 믿음은 일반적으로 지켜지고 있다는 사실 하나만으로 유효하다고, 그런 믿음에 도전하는 것은 불가능하다고 말할 수 있겠는가? 모든 사람이 다 삶의 요구를 충족시키지는 못한다고 주장하는 것은 그릇되었을 뿐만 아니라 발전을 방해하기도 한다. 당연히, 정신적 지체를 가진 사람들과 질병에 시달리는 사람들은 여기에 포함되지 않는다.

처음부터, 인간의 정신은 사회의 요구를 다뤄야 했다. 인간의 육체적 구성 자체가 우리가 타인들에게 의존해야 한다는 점을 보여주는 증거이다. 우리의 감각 기관은 사회적인 언어를 말하고, 우리가 살아가며 준수하는 최고의 법은 타인들과의 접촉과 인간관계, 그리고 동료 인간을 대하는 우리의 태도에 대해 말하고 있다. 실제로, 우리의 육체에 전체 세상이 반영되고 있다. 우리는 전체의 일부이며, 사회와 눈에 보이지 않는 협정을 맺은 가운데 존재하고 있다. 우리의 이상들은 사회적 맥락 속에서 발달한다. 만약 사회가 인간의 전멸을 막아주지 않았다면, 우리의 신체적 허약이 인간의 전멸을 불렀을지도 모른다. 사회적으로 유익한 모든 것은 보편적 타당성을 지닌다. 도덕은 사회생활의 기준을 설정한다. 아름다움은 사회가 아름답다고 여기는 것의 이름이다. 우리가 소중하다고 생각하는 모든 것도 보편적으로 소중한 것으로 여겨진다. 과학은 사람들을 보다 나은 조건으로 끌어올리려고 노력한다. 종교로부터 보편적으로 타당한 삶의 규칙들이 나온다. 가치 있는 정치적 입장은 모두 인류를 향상시키려 노력한다. 개인 심리학은 공동체 감각을 일깨우는 근본적인 상호관계를 발견할 수 있는 길을 가리켜야 하는 과제를 안고 있다.

5장

진짜 또는 상상한 어린 시절의 기억

최근에 나의 관심을 끌었던 예를 하나 소개할 생각이다. 12세 외동아들이다. 외동은 형제자매가 있는 아이들과 꽤 다른 상황에서 성장한다. 언제나 관심의 중심에 서 있는 외동을 독립적인 개인으로 키우는 것은 지극히 어려운 일이다. 왜냐하면 어른들이 언제나 그 아이를 대신해서 해 줄 준비가 되어 있기 때문이다.

어른들에 둘러싸인 외동은 덩치가 가장 작은 상태에서 약하다는 느낌을 받으며 성장한다. 한편으로 보면, 외동아이는 자신을 발달시킬 동기를 아주 많이 누리지만, 다른 한편으로 보면, 외동아이는 전혀 아무런 문제가 제기되지 않는 삶의 안락을 누린다. 외동아이는 아무런 노력을 하지 않고도 그런 삶을 영위할 수 있다. 그렇기 때문에 이런 아이들이 공부를 불쾌한 일로 여기는 것은 그리 놀랄 만한 일이 아니다.

사실 아이들에게 강요되다시피 했던 이상(理想), 즉 관심의 중심에 서서 응석받이로 자라는 상황은 그 아이들이 온갖 종류의 일과 성취를 멀리하도록 만든다. 이 불행한 역학에, 아이와 밀접한 사람들이 저지르는 실수들이 보태진다. 부모는 아이가 외동이기 때문에 끊임없이 걱정한다. 그들은 병에 걸리거나, 경제적 상황이 나빠지거나, 결혼 생활에 변화가 있더라도, 외동아이 하나만 두기로 결정했기 때문에 언제나 아이에 대한 걱정을 머리에서 떨쳐내지 못한다. 따라서 외동아이의 가정 생활은 아이에게 다소 왜곡된 인상을 안긴다. 우리의 과제는 멜로디에서 불쾌한 느낌을 주는 음을 찾아내듯이 아이의 결점들을 찾아내는 것에서 그치지 않으며, 보다 넓은 관점까지 알아내는 것이다.

이 아이의 어머니는 남편과 사별한 사람이다. 그녀는 예전에는 좋은 환경에서 살았지만, 상황이 갈수록 악화되어 지금은 가난하게 살고 있다. 그림과 보석을 비롯한 귀중품은 간직하고 있을지라도, 현금은 전부 다 쓴 상태이다.

외동으로 응석받이로 자란 사실 외에, 소년은 어린 시절을 매우 즐겁게 보냈다. 그 시기에는 소년의 가슴이 원하는 것이면 무엇이든 주어졌다. 그러나 그의 어머니가 가난해진 뒤로, 상황이 완전히 바뀌어 버렸다.

소년의 아버지는 3년 전에 세상을 떠났다. 그래서 아이를 키우는 일은 전적으로 어머니의 몫이 되었다. 아마 아버지의 보살핌이 아이의 발달에 어느 정도 영향을 미쳤을 것이다. 만약 소년의 아버지가 아이에게 규율을 지킬 것을 요구했다면, 그 같은 사실이 소년의 결함이 아버지의 죽음 뒤에 나타난 이유를 설명해 줄 수 있다.

소년은 학교에서 학업을 제대로 따라잡지 못하고 있었다. 주목을 받고, 누군가가 자신의 일을 대신 처리해 주는 환경에 익숙했던 아이는 불쾌감과 쓴맛을 경험하자마자 실패하기 시작했다. 불쾌감과 쓴맛은 아이가 익숙하지 않은 것이었다. 이 외동아이는 응석받이였고, 독립심이 부족했고, 자신을 돌봐줄 누군가를 발견한다는 이상적인 목표를 갖고 있었다.

그는 새로운 학교로 전학 갔지만, 거기서도 전혀 진척을 이루지 못했다. 새로운 상황은 모두 그에게 일종의 지능 테스트이다. 그 상황에 직면한 사람이 진정한 동료 인간으로 성숙했는지를, 그리고 그가 준비를 제대로 갖추었는지를 말해주는 성격 테스트 같은 역할을 하는 것이다. 응석받이로 큰 아이들은 그런 테스트를 받을 준비가 되어 있지 않다. 왜냐하면 그런 아이들의 관심의 초점이 엄밀히 자기 자신에게 맞춰져 있기 때문이다. 그런 아이들은 타인들에게 관심을 가질 필요성을 전혀 느끼지 않는다. 그 아이들은 언제나 받기만 하고 절대로 주지는 않는다. 우리는 이 예에서 실수가 분명히 저질러졌다고 말할 수 있다.

소년은 학교에 결석했다. 소년은 도둑질을 시작했다. 아이는 도둑질에 열심이었다. 아이는 모든 것을 부인했다. 심지어 도둑질을 하다가 현장에서 붙잡힌 상황에서도 절도 행위를 부인했다. 어머니가 간청하고 가혹하게 처벌하겠다는 협박이 있었음에도 불구하고, 아이는 자신의 결백을 줄기차게 고집했다. 삼촌이 언젠가 소년에게 좋은 아이디어를 제시했지만, 아이의 반응은 다시 아이의 라이프스타일이 심지어 호의적인 상황에서도 확고하다는 점을 보여주었다. 그 삼촌이 아이와 사흘 동안 캠핑을 가겠다고 약속했는데, 그것은 아이가 오랫동안 갈망해 온 일이었다. 그러자 소년은 삼촌에게 자신이 보석을 훔쳤고, 다른 사람을 통해서 그것을 저당 잡혔다고 실토했다.

이 예는 이제 우리에게 아주 명확해지고 있다. 이제 우리는 무엇을 해야 하는가? 우리는 이 소년의 어린 시절에 저질러진 실수에 동의해야 한다. 부모가 소년이 아주 가까운 환경에는 관심을 갖도록 하는 데 성공했지만, 아이는 관심을 좁은 울타리 너머까지 확장시키지 못했다. 아이는 개인 교습을 받았고, 원하는 모든 것을 손에 넣었으며, 육체적으로나 정신적으로 잘 발달했다. 그러나 아이의 태도는 언제나 받기만 하고 주지는 않는 쪽이었다. 아이는 훔친 물건으로 챙긴 돈을 무의미한 쪽으로, 이를테면 사탕을 사거나, 영화를 보거나, 해변을 찾는 일에 지출했다.

직접 대면했을 때, 아이는 꽤 정상적인 말을, 절대로 이상하지 않은 말을 했다. "저에게 용돈을 아주 적게 준다면(받는 사람의 태도), 저는 뭔가를 훔치는 수밖에 없어요."

이 말은 우리에게 아이의 라이프스타일을 들여다볼 기회를 준다. 모든 것이 그 라이프스타일과 맞아떨어짐에 틀림없다. 그는 응석받이로 자라다가 갑자기 강탈당한 느낌을 받았다. 돈이 없어 힘든 집에서나 학업을 해야 하는 학교에서나 똑같이, 그는 자신을 표현할 다른 길을 전혀 누리지 못한다. 아이는 똑똑하게 행동하고 있다. 도덕과 동정, 사회적 감정을 무시한다면, 아이의 행동에 잘못된 것은 하나도 없다. 오직 아이의 행동을 사회적 감정에 비춰 평가할 때에만, 아이를 판단하는 것이 가능해진다. 우리의 기준은 사회적 감정이며, 이 기준에 따라 우리는 이 아이의 행동에 대해 용인되지 않고, 꾸물거리고, 비이성적이라고 판단한다.

한편, 강탈당했다고 느끼는 상황에서 아이가 스스로 부유해지는 외에 달리 어떤 대안을 추구할 수 있겠는가? 이 아이가 강탈당했다고 느끼는 이유는 무엇인가? 이 질문에 다양한 대답이 가능할 수 있지만, 우리는 거기에 대답할 수 있을 때까지 조사를 계속해야 한다. 여기서 나는 개인 심리학의 전체 체계를 다시 명확하게 요약하고 싶다. 이 예에서, 우리는 가장 중요한 두 가지 질문을 알고 있으며, 어떤 실수와 연결되어 있는 특별한 상황이 이 아이에게 해결할 수 없는 것으로 보인다고 추측할 수 있다. 만약 아이가 학업을 성취할 수 있다는 희망을 품었다면, 그 아이는 학교에 갔을 것이다. 모든 상황은 꽤 발달한 사회적 감정을 요구한다. 이 소년의 어린 시절을 돌아본다면, 아이가 타인들에 대한 관심을 발달시키지 못한 이유를 확인하고 이해하게 된다. 그러면 우리에게는 아이의 라이프스타일의 구조 안에서 발달한 구체적인 결함들을 발견하고, 그 의미를 이해하기 위해 그것들을 조사하는 과제만 남는다.

우리는 3가지 유형의 아이들에 대해 언급했다.

1) 열등한 신체 기관을 가진 아이들

2) 받기만 하고 절대로 주지는 않는, 응석받이 아이들

3) 사회적 감정이 있다는 사실에 대해 모르고 타인들에 대한 관심이 부족한, 무시당한 아이들

이런 아이들의 삶을 보다 면밀히 검토하면, 그들이 삶의 어느 지점에서 실패한 이유가 드러난다. 우리에게 제공된, 빈약하지만 의미 있는 파편들을 바탕으로, 우리는 이 아이들이 세상을 살아갈 준비를 갖추지 못한 이유를, 그리고 그들이 사회적 감정을 잃어 버린 이유를 찾아낼 수 있다. 그 해답은 아이들이 어린 시절 초기에 겪은 삶의 처지 안에 담겨 있다. 동생을 둔 첫째 아이는 언제나 잃어버린 낙원을 향해 뒤쪽을 바라본다. 한편, 둘째 아이는 대담하게 앞쪽을 보며 첫째 아이를 능가하길 원한다. 그러나 첫째 아이가 더 강할 것이고, 따라서 첫째 아이는 둘째 아이의

그런 노력을 좌절시키며 둘째 아이가 길을 잃게 할 수 있다. 나는 또한 아들들 사이에서 성장하는 외딸이나 딸들 틈에서 성장하는 외아들의 독특한 발달을 지적해야 한다.

어린 시절 초기의 기억들은 의미 있는 파편들이다. 개인 심리학은 모든 측면들 각각을 전체의 일부로 보는, 개인의 통일성에 관한 이론 덕분에 저절로 굴러 들어오다시피 하는 그런 회상들에서 보물 창고 같은 것을 발견했다. 초기의 회상들로부터, 우리는 어떤 라이프스타일의 전체 구조 또는 그 구조의 일부를 파악할 수 있다. 이 구조는 다른 심리학 학파에게는 의미가 없을지 모르지만 개인 심리학에는 대단히 중요하다. 어떤 사람의 삶에서 우리에게 익숙한 상황들을 발견할 때, 우리는 그 상황들이 의미를 지닌다는 사실을, 또 그것들이 초기 시절의 특별한 기억들과 연결되며 그 기억들에 의미를 부여한다는 사실을 즉각 인정할 수 있다. 우리는 종종 어떤 종류의 어린 시절의 기억을 직면하게 될 것인지에 대해 예측도 할 수 있다.

이 연결을 확인하는 작업이 우리에게 대단히 중요하다. 어린 시절 초기의 기억에서, 우리는 신체 기관의 열등이나 질병, 응석받이나 무시 등을 암시하는 신호들을 발견한다. 우리는 어린 시절의 기억들을 카테고리별로 분류할 수 있다. 옛날에는 아이들이 "빛으로 반짝이는 크리스마스트리"에 관한 꿈에 대해 이야기하면, 그 꿈은 의미 있는 것으로 여겨지지 않았다. 지금 우리는 그런 기억을 간직하고 있는 사람은 시각적 효과에 특별히 관심을 두고 있고 예리한 시각을 갖고 있다는 것을 안다. 보고자 하는 강한 욕망은 그 사람의 정신에 영원한 인상을 남길 것이다. 만약 누군가가 어린 시절에 병에 걸려 심하게 앓았다는 이야기를 들려준다면,

우리는 이 사람이 어린 시절의 병에 큰 영향을 받았다는 점을 암시하는 파편을 확보하게 된다. 그런 기억들을 가진 사람들은 자주 병과 죽음에 관심을 둔다. 아마, 이 아이들 중 첫 번째 부류는 시각 유형이 될 것이고, 색깔과 그림을 선호하는 경향을 보일 것이다. 두 번째 부류의 아이는 과학에 더 많은 관심을 둘 것이고, 죽음과 보다 밀접히 연결되기 위해 의사가 될 가능성이 크다. 탁월한 인물들의 전기는 그들이 어린 시절 초기에 바랐던 경력을 어떤 식으로 추구하게 되는지에 대해 거듭 묘사한다.

"어머니와 어딘가 갔던 기억이 난다."는 것과 같은 어린 시절의 기억을 들을 때, 우리는 그 사람이 어머니와 함께 있었던 기억을 버릴 수 없었던 응석받이 아이였다는 사실을 쉽게 확인할 수 있다. 사람들이 어머니가 끊임없이 등장하는 이야기를 들려줄 때, 가끔은 그런 기억을 예측하는 것도 가능하다. 이 기억들은 언제나 분명하지는 않으며, 예상 가능한 현상도 아니며, 규칙이나 공식으로는 이해되지 않는다. 그런 예들에서, 우리는 상상력을 발휘할 수 있어야 한다.

다음과 같은 아이의 회상은 어떤 의미를 지닐까? "시골에서 어머니와 함께 살았던 기억이 납니다. 그때 아버지는 도시에서 지냈지요." 이 상황에서, 어머니는 아이에게 헌신했으며, 아버지는 그를 응석받이로 키운 사람들의 집단에서 배제되었다. 응석받이로 자란 아이들을 다루는 경우에 우리는 아버지에게 엄격한 규율을 적용할 것을 권하며 아이를 애지중지 키우지 말라고 조언하는 심각한 실수를 저지른다. 이 경로는 아버지가 더욱 멀리 배척되는 결과를 낳을 것이다. 그런 예들 앞에서 교사도 규율을 강화하는 조치를 피해야 한다. 그렇게 하는 경우에 아이가 곧 교사를 공개적으로나 비밀리에 거부하게 될 것이기 때문이다.

특히 응석받이로 자란 아이들에게서 가끔 아이가 응석받이 양육을 박탈당한, 그런 변화된 상황을 보여주는 이중적인 파편들이 발견된다. 그러면 우리는 "동생이 태어났던 때가 기억납니다."와 같은 기억을 확보하게 된다. 우리는 그런 기억들을 이해하며, 그 기억들로부터 이 아이가 경험한 특별한 비극에 관한 결론을 끌어낼 수 있다. 첫째 아이만 아니라 다른 아이들도 견뎌내기 어려울 것 같은 상황들을 마주하며, 그로 인해서 강한 질투심 같은 성격적 특성을 형성할 수 있다. 그런 상황에 처하면 모든 아이가 그런 질투심을 보일 수 있다. 이 성격적 특성들은 나이가 들어서까지 이어진다. 어릴 적에 갑작스런 실패가 너무나 쉽게 일어난다는 것을 확인하고 권력이 아주 빨리 사라질 수 있다는 사실을 깨달은 사람들은 훗날 "너 좋을 대로 해. 그래도 달라지는 것은 아무것도 없을 거야." 와 같은 믿음을 간직할 것이다.

무시당한 아이들에게서, 우리는 "두들겨 맞은 기억이 남아 있다."는 식의 어린 시절의 기억을 접한다. 분명히, 이런 기억을 떠올리는 것은 절대로 우연이 아니다. 어떤 사람이 발달이 일어나던 초기의 어린 시절을 떠올리며 "기본적으로 끔찍하게 다뤄졌고, 고문을 당했다."고 말할 때, 우리는 그 사람에게 그 기억이 중요하다는 사실을 깨닫는다. 그 사람이 실제로 두들겨 맞았는지 여부는 중요하지 않다.

치료를 받기 위해 나를 찾은 어떤 사람이 기억난다. 자신감이 조금도 없고, 따라서 자신의 사회적 지위보다 많이 아래인 남녀들과 연결되어 있던 사람이었다. 그는 어린 시절의 기억을 이런 식으로 들려주었다. "방에 앉아서 창문으로 밖을 보고 있었던 기억이 납니다. 부모님은 형과 함께 외출하고 저 혼자 집에 있었어요." 그는 말수가 아주 적었고, 타인들을 적으로 보았다. 지적으로, 그는 잘 발달되어 있었으며 학교에서도 꽤 잘 했다. 그러나 그는 키가 작고 못생기고 허약하다는 이유로 기가 죽은 상태로 지냈다. 한편, 그의 형은 키가 크고 잘생겼다.

그는 또 어머니가 장남을 자기보다 더 좋아한다는 생각에 괴로워했다. 적어도, 그가 받은 인상은 그랬다. 여러 해가 지난 뒤 언젠가, 그가 어머니에게 그 같은 사실을 털어놓았다. 그러자 어머니는 그에게 형을 더 사랑하지는 않았지만 형의 유쾌한 성격 때문에 형에게 더 끌렸다고 말했다. 반면에 동생인 그에 대해서는 언제나 비판적이고, 논쟁적이고, 냉소적인 태도를 보였다고 말했다.

동일한 사람이 어린 시절의 또 다른 기억을 다음과 같이 들려주었다. "화가 폭발하여 몸을 어머니 쪽으로 날리며 어머니의 머리카락을 잡아당겼던 기억이 납니다." 4년 뒤에, 이 사람의 어머니가 딸을 낳았다. 그녀가 새로 태어난 아기를 더 많이 사랑했던 것 같으며, 그 때문에 그는 어머니의 사랑을 더 많이 받는 형과 여동생 사이에 갇혀 있다는 느낌을 받았다. 그는 또 엄격한 여자 가정교사들을 두고 있었다. 그런 상황에서 그는 곧 싸움을 포기했다.

우리는 그가 어떻게 아버지와 더 가까워지게 되었는지 이해할 수 있다. 이런 현상은 어린이의 발달에서 두 번째 단계에 해당한다. 그것은 어머니가 아이를 가슴으로 끌어안지 못했다는 것을, 또 어머니와 아이의 사이를 멀어지게 한 어떤 일이 일어났다는 것을 암시한다. 어머니가 아이에게 보여주지 못한 사랑을 아버지가 제시할 때, 그 다음 단계는 아이가 아버지와 밀접한 관계를 발달시키는 것이다. 이 특별한 소년은 여자에게 관대하지 않았다는 것을 우리는 알게 되었다. 그런 예들을 조금 더 깊이 파고들면, 우리는 아이가 더 성장할 경우에 그런 불관용이 어느 정도로 깊어질 수 있는지를 이해하게 된다. 이성(異性)을 대하는 어떤 태도가 형성되고 있는 것이다.

이 소년은 남자로서 자신의 역할을 진지하게 받아들이지 않았다. 이유는 그가 자신의 역할에 거의 기대를 걸지 않았기 때문이다. 그는 훗날 몇몇 남자들로부터 구애를 받으면서도 누구와 결혼할지 결정하지 못해 어려움을 겪고 있던 소녀와 사랑에 빠졌다. 그는 그녀가 자신과 결혼하지 않기로 결정한 것을 다행이라고 생각한다고 말했다. 그녀의 결정을 그는 자신을 해방시켜주는 것으로 여기며 반겼다. 이 일에서도 그는 다시 남자로서의 역할을 진지하게 여기지 않았다. 결국 그는 젊은 방랑자를 사랑하게 되었으며, 그와 동성애 관계를 맺기에 이르렀다.

이런 발달들은 대단히 중요하다. 그것이 우리가 어떤 사람의 초기 기억과 꿈에 대해 물어야 하는 이유이다. 이런 발달들은 대부분 너무나 분명하게 보이기 때문에, 그것에 대해 의심을 품는 것은 불가능해 보인다. 예를 들어, 어느 아이가 호랑이에게 쫓기는 이야기를 들려준다면, 그것은 세상 전체를 야수 같은 것으로 보는 태도를 보여준다. 따라서 그런 아이들은 쫓기는 동물처럼 처신하게 된다. 어느 아이가 발가벗은 채 주위를 뛰어다니는 꿈을 꿨다는 이야기를 할 때, 우리는 그런 꿈이 우리에게 도움을 줄 수 있다는 것을 이해해야 한다. 그 꿈은 아이가 노출되는 것을 싫어하며 타인들에게 미스터리로 남기를 원한다는 이야기를 들려준다. 아이가 남들에게 자신의 진정한 모습을 숨기기를 원한다는 뜻이다.

우리는 한 아이가 발달해 온 경로를 가리킴과 동시에 그 아이의 사회적 감정의 강도를 암시하는 단서들을 온갖 종류의 상황에서 발견할 것이다. 어떤 아이가 어린 시절 초기부터 얼마나 무거운 짐을 져 왔는지를 고려한다면, 우리는 이 짐들이 야기하는 문제들을 이해할 것이다. 그러면 그 아이가 훗날 협력하지 않고 타인들과 어울려 일하지 못하더라도, 우리는 놀라지 않을 것이다. 신체적 거동까지도 용기와 낙천주의와 활력이 어느 정도인지를 나타낸다.

어린 시절의 기억이 진짜 기억이어야만 의미를 지니는 것은 절대로 아니다. 공상도 마찬가지로 의미를 지닌다. 나는 순수한 공상인 어린 시절의 기억을 하나 갖고 있다. 그것이 공상이지만, 나는 평생 동안 그 기억에 대단히 강하게 끌리고 있다. 나는 35세까지 이 기억을 매우 자랑스럽게 간직했다.

내가 디스터베그가세 거리의 펜칭 공립학교 1학년에 입학한 것은 다섯 살 때였다. 나는 급우들과 어울려 공동묘지를 일상적으로 가로질러 다녔던 것으로 기억하고 있다. 그것은 나에게 결코 유쾌한 경험이 아니었으며, 그 길이 나를 주눅들게 만드는데도 나의 급우들은 즐겁게 그 길을 오가고 있었다.

죽음의 문제는 아주 일찍부터 나의 관심을 끌었다. 동생이 죽는 자리를 지킨 것이 내 나이 겨우 세 살 때였다. 내가 네 살 때 폐렴에 걸렸을 때, 의사가 나를 포기했다. 그래서 나는 어릴 때부터 죽음에 관심이 많았다. 어느 친구의 아버지가 장래 꿈이 뭐냐고 물었을 때, 다섯 살이었던 나는 의사가 되고 싶다고 밝혔다. 이에 대한 친구 아버지의 반응은 "사람들이 널 제일 먼저 처단할 건데!"라는 것이었다. 나는 의사들에 대한 이런 형편없는 의견이 무능한 사람들에게만 적용된다고 생각하며 나의 결정을 강하게 고수했다. 내가 공동묘지를 가로질러 걷는 것이 큰 부담이라는 것을 깨달은 때가 바로 그 시기였다.

이어서 나는 그 두려움을 떨치기로 작정했다. 그 다음에 다시 공동묘지를 지나가야 할 때, 나는 뒤로 물러서고 친구들이 먼저 가도록 하기로 마음을 먹었다. 나는 가방을 담에 걸어놓고는 공동묘지를 가로질러 처음에는 느린 걸음으로, 그 다음에는 보다 빠른 걸음으로 왔다갔다 하기를 반복했다. 그러다가 언젠가부터 나는 그곳을 더 이상 두려워하지 않게 되었다.

나는 이 기억을 35세까지 간직하고 있었다. 그러던 중에 나는 나와 초등학교 1학년을 함께 보낸 사람을 만났다. 내가 그에게 "그 공동묘지는 어떻게 되었을까?"라고 물었다. 그러자 그가 잠시 생각하더니 "공동묘지는 없었는데!"라고 대답했다. 그럼에도 공동묘지라는 이미지는 나의 기억에 단단히 박혀 있었다. 그 후 나는 다른 사람들에게도 공동묘지에 대해 물었지만 모두가 한결같이 그런 것은 없었다고 대답했다. 사실은 내가 전체 이야기를 상상으로 꾸며냈던 것이다.

그것은 아이가 어떤 어려움을 극복하기 위해 용기를 갖고 스스로를 훈련시킬 수 있다는 사실을 보여주는 증거이다. 우리는 언제나 문제를 극복하기 위해 훈련하고 적절한 방법을 적용하는 것이 중요하다는 사실을 확인할 것이다. 이 같은 나의 공상은 쓸모없는 것이 아니었으며, 나의 영적 훈련에 해당하는 것이었다. 그 공상은 내가 실제 상황에서 죽음과 관계있는 문제를 보다 과감하게 직면하는 능력을 키워주었다. 또 그 공상은 내가 두려움을 느끼지 않도록 해 주었다.

우리가 하나의 새로운 문제처럼 보일 수 있는 것을 보지만, 그것은 우리에게 파편들을 더 많이 제공하는 문제이다. 공상과 상상은 또 그 사람이 짊어지고 있는 짐들을 발견할 기회를 우리에게 제공한다. 그런 것도 아이의 내면에 있는, 어떤 목표를 추구하려는 동일한 경향을 드러낸다. 당연히 이 목표는 아이를 삶에서 느끼는 압박으로부터 해방시킬 것이다.

많은 아이들이 원하는 것을 사기 위해 부자가 되는 공상을 묘사할 것이라는 점을 우리는 이해할 수 있다. 여기서도 우리는 아이의 사회적 감정의 크기를 말해주는 단서를 포착할 수 있다. 한 아이는 모든 것을 자신을 위해 사기를 원하고, 두 번째 아이는 부모나 형제들을 위해서 성(城) 같은 것을 사기를 원한다. 세 번째 아이는 가난한 사람들에게 베풀기를 원하고, 네 번째 아이는 세상을 온갖 불행으로부터 구원하기를 원한다. 이런 공상은 돈에 대해 심각하게 걱정하는 가난한 아이들에게 나타난다.

많은 아이들은 영웅이 되는 공상에 빠지거나, 작은 수의 병력으로 큰 군대를 정복하여 많은 병사들을 포로로 잡는 꿈을 꾼다. 이것은 두려움이 많은 개인들의 공상이다. 그런 꿈을 꾸는 아이들은 오직 공상 속에서만 자신의 두려움을 극복할 수 있을 뿐이다. 그런 꿈을 자극하는 원천은 육체적으로 허약하다는 감정이다.

일부 공상은 초자연적인 것까지 건드린다. 그런 것들은 천국이나 낙원으로 들어가려는 욕망으로서, 더 나은 목표와 인간이 닿을 수 있는 것보다 더 좋은 상황을 겨냥하고 있다. 이것들은 자신이 부모의 자식이 아니라 어쩌다 그들에게 오게 되었다고 생각하는 아이들의 공상들이다. 그런 아이들은 그 실수가 마침내 발견되어 자신이 진짜 부모의 부유한 가정으로 돌아갈 수 있기를 바란다. 그런 공상은 다른 사람이 자신의 진짜 부모라고 믿는 등 다양한 형태를 취할 수 있다.

나는 작위를 가진 인물들(백작들이나 군주들)의 저택에서 정원사나 마부로 일하는 아버지를 둔 아이들에게서 그런 공상을 만났다. 이 아이들은 자신이 백작이나 군주에게서 태어났다고 확신하고 있었으며, 언젠가 그 같은 사실이 알려질 것으로 믿고 있었다. 어느 소년이 언젠가 그런 공상으로 꽤 큰 소란을 일으킨 적이 있다. 그 소년은 자신이 자기 아버지의 아들이 아니라고 강하게 믿고 있었다. 아이는 그 일로 자기 어머니에게 상당한 문제를 안겼다.

빈에서 자주 나타나는 어린 시절의 공상은 황제를 탈주한 말들과 같은 재앙으로부터 보호하고, 그에 대한 보상으로 한몫 두둑이 챙기는 방법과 관련 있는 것이었다. 나는 오늘날에도 오스트리아의 수상과 관련하여 그런 공상이 가능한지 모르겠다.

또 다른 공상은 물에 빠져 허우적거리는 아름다운 부잣집 소녀를 구하는 것이다. 이 공상에서, 우리는 자존감을 높이기 위한 분투를 확인할 수 있다. 그런 공상들에 상당한 신뢰를 부여해야 한다. 이것들이 하나의 라이프스타일을 구축하는 단편적인 조각들이기 때문이다.

어린 시절의 공상과 상상은 그 아이가 삶을 살 용기를 어느 정도 갖추고 있는지를 측정할 기회를 우리에게 제공한다. 나는 '내가 무서워하는 것들'과 같은 주제로 아이들에게 에세이를 쓰게 하라고 권하고 싶다. 이 에세이들과 그것들과 비슷한 다른 보고들을 바탕으로, 우리는 개인의 라이프스타일을 찾아낼 수 있다.

6장
어린 시절의 기억과 꿈

여섯 살 반인 소년이 다음과 같은 사건을 떠올렸다.

"네 살 때 물에 빠졌어요."

이 기억으로부터, 우리는 이 소년의 전체 관점이 사람들이 조우할 수 있는 위험에 초점이 맞춰져 있는 것을 볼 수 있다. 아이들에게 과거를 돌아봐 달라고 부탁할 때, 그 아이들이 끌어내는 결론과 선택하는 사건들, 또 그들이 표현하는 관심사 등은 모두 매우 중요하다.

이 아이의 관심은 주로 사람들이 매우 쉽게 상처를 입을 수 있다는 사실에 초점이 맞춰지고 있다. 그 사건의 힘을 고려할 경우에, 그것이 아이의 사고에 얼마나 큰 영향을 끼쳤을 것인지에 대해서는 누구도 짐작하지 못한다. 아이는 이 불쾌한 기억에 집착하고 있다. 따라서 아이는 온갖 위험을 경계하며 자랐다. 그 사건은 그의 삶에 지침이 되었다. 대부분의 아이들은 이미 낙담하고, 위험을 느끼고, 삶의 위험들에 특별한 관심을 가진 상태에서 성장한다. 어떻게 보면 위험에 대한 관심은 여러 측면에서 필요하다. 두려움은 일종의 예방 조치로 작용한다. 그러나 대부분의 예들에서, 두려움이 과장되고 있다.

모든 것은, 예를 들어, 확실히 좋은 습관인 청결조차도 과장의 대상이 될 수 있다. 그러나 밤낮으로 청결하게 사는 것은 삶의 조화를 깨뜨린다. 조심도 그 사람의 전체 삶의 영역과 경험 속으로 합리적으로 통합되어야 한다. 그렇지 않으면, 개인은 온 곳에서 극도의 위험을 볼 것이며, 그 결과, 망설임과 불안, 의심이 훨씬 더 큰 역할을 하면서 그 사람이 인생에서 무엇이든 성취하지 못하도록 막을 것이다. 아이가 그런 경험을 회상한다는 것은 우리가 위험에 지대한 관심을 가진 누군가를 다루고 있다는 사실을 드러내고 있다. 위험에 대한 그 같은 관심은 그의 전체 삶을 위한 지침이 된다. 우리가 더욱 깊이 파고들수록, 아이는 틀림없이 자신이 경험한 많은 위험한 상황을 떠올릴 것이다.

기억에 나타나는 미묘한 차이도 간과해서는 안 된다. 어떤 사람에게 구체적인 어떤 기억과 관련해 추가적으로 질문을 던질 때, 우리는 중요한 단서들을 확보할 수 있다. 만약 그 소년이 "저는 살아남았어요."라는 말로 대답을 끝낸다면, 우리의 결론은 달라질 것이다. 그런 경우라면, 그 아이는 다른 유형의 사람일 것이다. 위험이 존재한다는 것을 이미 알지만 위험을 두려워하지 않으며, 강한 힘을 바탕으로 위험을 극복할 수 있다는 것을 아는 사람일 것이다. 여섯 살짜리 아이의 삶이 하나의 분명한 통일체라는 것을 알기 위해서, 우리는 관련된 현상들을 발견하고 서로 결합시키는 연습을 해야 한다.

또 다른 아이는 두 살 때 일어난 일을 기억했다.

"아빠가 공갈 젖꼭지를 빼앗아서 울었어요."

아빠의 그런 행위는 아이가 익숙한 것을 사용하지 못하도록 막는 가혹한 방법이다. 소년은 지금 누군가가 자신으로부터 무엇인가를 빼앗아갈 것이라고 예상하고 있으며, 그래서 그는 어떤 것도 빼앗기지 않기 위해 끊임없이 경계하고 있다. 그러나 그는 오직 자기 자신에 대해서만 생각하고 있다.

또 한 아이는 이런 것을 떠올렸다.

"여동생이 울고 있을 때, 부모님에게 동생의 기저귀를 갈아야 한다고 외쳤어요."

소년은 여동생이 기저귀를 더럽혔다는 사실을 알았고, 부모에게 그 같은 사실을 알림으로써 그들을 도우려 했다. 그는 부모를 대체하는 존재로서 보호자의 역할을 맡았다. 우리는 훗날 그가 아버지처럼 행동하려 드는 모습을 확인하게 될 것이다. 그는 또한 타인들에 대해 걱정하는 모습도 보일 것이다.

이 소년에게서 그보다 앞에 묘사한 다른 두 아이들과 반대되는 차이점이 확인된다. 앞의 두 아이들은 오직 자신에 대해 생각하며 사회적 감정을 거의 보이지 않는다. 세 번째 아이는 자기만 생각하는 모습을 보이지 않는데, 이 아이에게서 우리는 사회적 감정의 효과를 확인할 수 있다. 이 아이에게서는 동시에 중요성을 확보하려는 노력도 보인다. 그러나 그 점에 대해 반대할 수 없다. 아이가 유익한 방향으로 타인들과 연결되고 있기 때문이다.

또 다른 한 아이는 이렇게 말했다.

"두 살 때 처음 자동차를 탔던 기억이 납니다."

이 기억으로부터 우리는 이 소년이 그 상황에서 좋은 기분을 느꼈고 움직임에 관심이 있다는 것만을 추론할 수 있다. 그는 아마 둘째 아이일 것이며, 다른 형제와 '경주'를 벌이고 있을 것이다. 왜냐하면 그가 움직임의 속도를 높이는 사건을 기억하는 쪽을 택했기 때문이다. 이 아이는 분투하고 있는 첫째 아이일 수도 있다. 더욱이, 이 회상은 어떤 목표를 재빨리 성취하여 일등이 되려고 노력하는 해로운 양상도 보인다. 이런 결론을 내리기 위해서는 추가적인 증거가 필요하다.

또 다른 아이의 회상은 이렇다.

"할머니의 장례식과 관, 장의차가 기억납니다."

이 사건은 죽음과 싸움을 벌이며 죽음을 극복하길 원하는 의사의 씨앗을 품고 있을 수 있다. 우리는 의사들로부터 이런 특별한 기억을 자주 듣는다.

어떤 아이는 커서 무엇이 되고 싶은가라는 물음에 "무덤 파는 사람"이라고 대답했다. 왜 그런 선택을 했느냐는 질문에, 이 아이는 "묻히는 사람이 아니라 다른 사람들을 묻는 사람이 되고 싶어서요."라고 설명했다.

마지막 두 아이의 기억을 서로 비교해 보면, 사회적 감정의 차이가 두드러지게 드러난다. 두 번째 소년은 오직 자신에 대해서만 생각하고 있고 또 죽음을 극복하는 방법으로 우월을 추구하고 있다. 이 소년이 개인적으로 우월할 수 있는 길에 대해서만 생각하고 있기 때문에, 그 우월이 완전히 쓸모없는 방향으로 나타나고 있다.

"삼촌의 방문이 기억나요. 그때 삼촌은 나에게 딸기를 갖다 주었어요."

이런 기억을 떠올리는 소년은 틀림없이 무엇인가를 기대하고 있으며 타인들에게 줄 준비가 되어 있지 않다. 소년은 자신이 무엇인가를 받는 상황에만 관심을 두고 있다.

또 다른 회상이다.

"두 살 때 프라터(빈에 소재한 놀이 공원)에 처음 갔던 기억이 납니다."

여기서 나는 빠른 활동에 대한 선호 외에 다른 것을 볼 수 없다. 만약 소년이 어머니와 함께 갔다는 내용을 덧붙였다면, 이 회상은 우리에게 다른 의미를 지닐 것이다.

공립학교 3학년인 어느 학생의 기억을 보자. 여덟 살에서 아홉 살 사이의 학생이다.

"네 살 때, 저는 그림을 잘 그릴 수 있었어요."

이 진술은 우리를 놀라게 하지 않지만, 우리는 다른 무엇인가에 대해 궁금해 한다. 이 소녀가 기억 속에서 그림을 끌어낸 이유에 관심을 두고 있는 것이다. 이 기억은 소녀가 왼손잡이인지 여부를 묻도록 한다. 우리는 왼손잡이를 찾아내는 방법을 알고 있다. 아무에게나 두 손으로 깍지를 껴보라고 하면 된다. 왼손 엄지손가락이 오른손 엄지손가락 위에 놓이도록 깍지를 끼면, 그 사람은 왼손잡이라는 뜻이다. 이 현상을 아이들은 모르고, 대부분의 학부모들도 모른다. 그럼에도 그런 아이들은 왼손잡이와 연결된 문제로 고통을 겪는다. 왜냐하면 그 아이들이 오른손을 쓰도록 훈련을 받기 때문이다. 이 소녀의 회상에서 확인할 수 있는 분투를 바탕으로, 우리는 소녀의 오른손이 처음에는 꽤 서툴렀을 것이라고 짐작할 수 있다. 그렇다면 우리는 소녀의 관심사가 결실을 맺었다고 결론 내릴 수 있다. 여기서 확인할 수 있는 정보를 근거로 할 때, 소녀의 필체는 아름답다. 이 아이가 처음에 문제 앞에서 끙끙댔으나 그것을 성공적으로 극복했다고 해도, 우리는 별로 놀라지 않을 것이다.

그녀의 회상은 이렇게 이어진다.

> "저는 종종 이 작은 사람을 그리고 싶어 했어요. 그럴 때면 엄마는 '코를 절인 오이처럼 그렸네.'라고 말했어요. 그래도 저는 기죽지 않고 계속 그렸어요."

여기서 우리는 그녀가 분투한 결과 성공을 거두게 되었다는 사실을 뒷받침하는 증거를 볼 수 있다. 그 같은 사실이 그녀의 삶을 위한 지침이 되었다. 어려움이 닥치면 그것을 해결하기 위해 노력해야 하고, 그렇게 하면 반드시 문제를 극복할 수 있다는 지침이 그녀의 삶을 안내하게 된 것이다.

"그림을 다 그린 뒤에 엄마한테 보여주었는데, 이번에는 엄마가 '코를 절인 오이처럼 그리지 않았구나.'라고 했어요. 그 후로 저는 키가 작고 잘생긴 남자들을 그릴 수 있었어요. 그때 그 일이 언제나 기억에 남아 있어요."

또 다른 회상이다.

"제가 두 살일 때, 우리는 노이발데그(Neuwaldegg)로 갔어요."

여기서는 시골에서 지내며 빠른 움직임에서 즐거움을 얻기를 좋아하는 태도 그 이상의 것은 거의 보이지 않는다. 그 같은 태도는 다양한 의미를 지닐 수 있다.

"갑자기 음악이 들렸어요."

이 아이는 음악과 소리에 특별히 관심을 갖고 있다. 우리는 그녀가 음악으로 무엇을 할 것인지를 알게 될 것이다.

"제가 춤을 추기 시작했어요."

이것은 리듬과 관계있으며, 리듬을 수반하는 육체적 활동이다.

"지나가던 사람들 몇 명이 걸음을 멈췄어요."

소녀는 사람들에게 인상을 남기기를 좋아한다. 소녀는 감탄의 대상이 되는 것을 즐기고, 타인의 시선을 끌기를 좋아한다. 소녀는 그쪽 방향으로 특별한 성향을 갖고 있다. 우리는 소녀가 동일한 결론을 끌어낼 수 있는 다른 특성도 갖고 있지 않을까, 하고 의심한다.

"어떤 부인이 아이와 함께 왔어요. 아이를 보자, 제가 아이 쪽으로 달려갔어요."

소녀는 타인들과 접촉하려는 경향을 보이는 것 같다. 이것은 사회적 감정을 갖고 있다는 사실을 보여주는 신호이다.

"너무나 기뻤던 나머지, 제가 아이의 손을 깨물고 말았어요."

이 지점에서, 우리는 소녀의 사회적 감정을 다소 믿지 못하게 된다. 다른 사람은 같은 사건을 놓고도 우리의 판단과 꽤 다른 판단을 제시할 수 있다는 점을 나는 지적해야 한다. 이 아이는 자신이 한 나쁜 짓을 미화하려는 경향을 보인다. 이것은 감탄의 대상이 되고 싶은 그녀의 욕망과 연결된다. 그녀가 하는 나쁜 짓은 선한 행위처럼 보여야 한다.

"아이가 울었어요."

여기서 우리는 그녀가 귀에 들리는 것에 반응한다는 사실을 확인할 수 있다.

"아이의 어머니가 꾸짖었어요."

또 다시, 소녀는 청각 유형이라는 사실을 드러내고 있다.

"저는 어머니에게로 달려갔어요."

소녀는 틀림없이 응석받이이고 타인들을 배척하길 원한다. 그녀는 관심의 중심에 서기를 좋아한다. 아마 장녀이거나 외동딸일 그녀는 착하게 보이길 원한다.

4학년에 재학 중인 학생의 회상이다.

"두 살 반일 때, 부모님과 기차를 탔던 기억은 지금도 또렷하게 남아 있어요."

이 아이는 다양한 장소들을 보는 것에 관심이 있을 것이다. 아마 빠른 움직임도 즐길 것이다. 이 진술에 대해서는 추가로 더 추측하지 않고 앞으로 나아갈 것이다.

"두 달 뒤에 집으로 돌아왔는데, 그때 자그마한 여동생이 침대에 누워 있다는 사실을 알게 되었어요."

이것이 비극의 시작이었다. 아마 외딸이었을 소녀는 기차를 타고 집을 떠났으며, 부모에 의해 낯선 곳으로 보내졌다. 소녀는 집에 돌아와서 문제를 발견했다. 그런 아이는 자신이 삶에서 어떤 안전도 발견하지 못한다고 느낄 것이다. 학교에서 소녀로서, 훗날에는 아내로서, 그녀는 누가 자신을 추월하지 않는지 확인하기 위해 주위를 두리번거릴 것이다. 그녀는 끊임없이 똑같은 운명에 쫓기며 질투를 느낄 것이다.

"저는 행복하지 않았어요."

이것은 우리의 결론을 추가로 뒷받침한다. 다른 어떤 과학도 개인 심리학보다 더 확실하게 작동하지 못한다. 대부분의 경우에 우리는 앞으로 어떤 일이 벌어질 것인지를 미리 알고 있다. 아울러 우리는 그런 짐작을 뒷받침하는 증거를 확보하게 된다. 그런 증거는 아이들에게서 긴 문장으로 나오지 않아도, 우리의 예상을 뒷받침하기에는 충분하다.

"… 왜냐하면 어머니가 저보다 어린 여동생을 더 사랑한다고 믿어졌기 때문이지요."

우리는 이미 미래의 질투를 볼 수 있다. 이 소녀는 자기 아닌 다른 사람을 더 사랑하는 사람을 지속적으로 찾을 것이다.

"여동생한테 화가 나서 때렸더니, 여동생이 울기 시작했고, 그러자 엄마가 동생을 위해 장난감을 들고 왔어요."

여기서 우리는 오늘 분명히 승자가 아닌 아이를, 또는 미래에 최고의 사람들과 어깨를 나란히 할 누군가를 보고 있다. 누군가가 자신을 가려버릴 수 있다는 두려움이 그녀를 방해하고 있다. 우리는 내가 앞에서 언급한 동기들을 찾음으로써 이 소녀를 그릇된 믿음으로부터 해방시킬 수 있는 힘을 갖고 있다.

"이어서 여동생은 잠들었고, 저는 여동생을 돌보지 않았어요."

이 대목에서는 어떤 논평도 필요하지 않다.
다음 내용은 아홉 살짜리 소녀의 회상이다.

"세 살 때, 저는 검정 모자를 쓴 엄마의 모습에 깜짝 놀랐어요. 엄마가 너무도 무섭게 보였어요. 그래서 저는 엄마보다 더 좋아하던 언니에게로 갔어요."

이 소녀는 아주 일찍이 세 살 때부터 어머니와 거리를 두었던 것이 확인된다. 틀림없이, 무슨 일이 일어났으며, 우리는 어머니가 그 일로 인해 아이의 애정을 지킬 수 없었다고 짐작할 수 있을 뿐이다. 소녀의 진술은 비난에 가까운 내용을 포함하고 있다. 소녀는 비판적으로 변하고 있다. 왜 그녀의 어머니는 아름다운 모자를 쓰지 않는가? 우리는 소녀가 어머니에게 비판적인 태도를 보이는 데 익숙하다고 결론 내릴 수 있다. 어머니에 대한 이 같은 비판은 아이가 아버지 쪽으로 관심을 돌리는 그 다음 단계에서도 계속된다. 소녀는 어머니에게서 발견하지 못하는 따스함을 아버지가 표현할 때 아버지 쪽으로 기울게 되어 있다.

이 아이는 어쩌다가 그렇게 비판적인 태도를 얻게 되었을까? 여기서 다시 형제자매의 출생이 확인될 것이다. 그것이 그녀가 경험한 비극의 출발점이었다. 그녀는 어머니가 자신을 속였다고 느끼며 어머니를 멀리하며 비판적인 태도를 보이기 시작했다. 아마, 어머니가 딸을 난처하게 만들었을 수도 있다. 그래서 아이가 성장함에 따라, 그런 식의 대우가 더욱 거칠게 다가왔을 것이다.

아이가 유아용 침대 안에 누워 있는 한, 잔소리하는 엄마는 아이에게 거의 아무런 피해를 입히지 않는다. 그러나 소녀가 세상을 이해하기 시작할 때, 그런 어머니의 태도는 아이를 물리게 만들 것이다. 어쩌면 어머니가 병에 걸려 아이를 돌볼 수 없었을 수도 있다. 그래서 소녀는 삼촌이나 할머니, 가정부 또는 언니의 보살핌을 받았을 것이다. 아마 이 아이의 어머니는 중병에 걸렸을 것이며, 이것은 아이가 어머니를 두려워하는 것을 설명할 수 있다(예를 들면, 어머니가 정신적으로 발달이 늦었거나 간질을 앓고 있을 수 있다). 우리는 이 아이가 천성적으로 비판적인지에 대해서도 조사할 것이다.

동일한 아이의 또 다른 회상이다.

> "남동생이 태어났을 때, 얘가 얼마나 울었는지 몰라요. 그래서 제가 '쟤를 돌려보내. 나한테는 필요 없어. 너무 심하게 울잖아!'라고 말했어요."

새로울 것이 하나도 없는 어떤 소설의 속편처럼 들린다. 우리의 의심이 증명되고 있다.

동일한 아이의 세 번째 회상이다.

> "언니가 언젠가 저에게 이렇게 말했어요. '저기, 건초를 실은 마차가 지나가고 있네. 네가 예의 바르게 행동하지 않으면, 마부가 너를 데려가서 건초 속에 묻어 버릴 거야.' 그 말이 저는 너무나 무서웠어요."

우리는 모순이 없는지 확인하기 위해 이 회상들을 비교할 수 있다. 언니까지도 아이가 두려워하도록 할 수 있었다. 이 같은 사실은 언니도 여동생을 나무라고 있다는 것을 보여준다. 만약 이 한 가지 회상밖에 없다면, 우리는 이 아이가 강요당하는 느낌을 받는다는 사실을 그다지 분명하게 볼 수 없다. 소녀의 회상은 언니를 향한 비난처럼 들린다. 다른 사람들도 소녀를 쉽게 다루지 못한다. 소녀가 불평하기를 좋아하고, 타인들의 결함을 예리하게 발견하기 때문이다.

네 번째 회상이다.

> "언니가 한 번은 귀부인처럼 옷을 차려 입었어요. 저는 정말로 귀부인인 줄 알았어요. 그러나 그녀가 모자를 벗자마자 저는 그 사람이 언니라는 사실을 금방 알아봤어요."

여기서 다시, 우리는 소녀의 비판적인 성향을 확인할 수 있다. 소녀는 사람들을 신뢰하지 않는다. 사람들은 귀부인처럼 옷을 차려 입지만, 실제로 보면 절대로 귀부인이 아니다. 우리는 비판적인 태도와 타인들의 가치에 대한 비관적인 견해를 확인할 수 있다. 그녀는 자신의 어머니로 시작한다. 우리는 그녀의 반응을 근거로 어머니가 안겨준 첫인상들의 힘과 그 인상들이 아이에게 끼친 충격을 분명히 볼 수 있다. 동시에 우리는 그녀가 시각 유형이라고 짐작한다.

나는 아이가 두려워하는 때와 같은, 어린 시절의 공상들의 중요성에 대해 이미 언급했다. 공포는 주위 사람들의 관심을 자신에게로 집중시키는 좋은 방법임과 동시에 타인들을 이용하는 좋은 방법이다. 우리는 이 아이가 다른 사람이 자신을 돌보도록 하기 위해 두려움을 표현하고 있다는 것을 확인할 수 있다. 이 소녀에게 두려움은 자신의 목적을 달성하는데 동원하는 채찍과 비슷하다.

언젠가 나는 공포가 너무나 큰 나머지 혼자는 어디에도 갈 수 없었던 부인을 알게 되었다. 최종적으로, 그녀는 설득을 받아들여 홀로 극장을 방문했다. 그녀는 혼자 집으로 돌아와서 문을 열려다가 갑자기 현관에서 있는 낯선 남자를 보았다. 그녀는 "당장 꺼져! 당신 눈에는 내가 얼마나 놀라는지 보이지도 않아?"라고 외쳤다. 두려움은 용기가 부족한 약한 자의 보잘것없는 힘이다.

직업에 관한 공상은 대단히 중요하다. 그런 공상은 아이의 관심과 아이가 자신을 표현하는 방식을 우리에게 보여준다. 그러나 열네 살과 열다섯 살 사이의 아이들 중 일부는 자신이 무엇이 되고자 하는지에 대한 생각이 전혀 없는데, 이 같은 사실은 중요하다. 장래 어떤 인물이 될지를 아직 결정하지 않은 14세 아이는 아마 삶에서 자신의 길을 발견할 수 있다고 믿지 않는다. 그 아이는 자신의 시선을 미래로 돌리지 않는다. 미래가 아이에게 풀 수 없는 수수께끼로 보이기 때문이다.

나는 몇 년 전에 학교에서 아이들을 대상으로 '나는 어떤 인물이 되고 싶은가'라는 주제로 글쓰기를 할 것을 권했다. 그런 과제는 아이로 하여금 어떤 결정을 내리게 하고, 생각하도록 강요하고, 적어도 "저는 몰라요."라는 글이라도 적도록 한다. 그러면 아이의 주의가 이 불확실성으로 쏠릴 것이고, 그러면 아이를 도울 길을 찾게 될 것이다. 나는 이 주제와 관련해서 부정적인 반응을 한 번도 듣지 못했다. 나는 3학년 학생과 4학년 학생들은 그런 주제로 글을 써야 한다고 믿는다. 심리학적 목적을 위해서, 이 주제는 예를 들면 '내가 하고 싶은 많은 것들'과 같은 제목으로 제시될 수 있다. 아이들이 거론하는 다양한 직업을 면밀히 검토하다 보면, 아이들이 우월을 확보하려는 방법과 스스로를 발달시키기를 원하는 방법을 암시하는 내용이 발견될 것이다. 유일한 예외는 오래 전에 용기를 잃어버린 아이들이다. 그런 아이들은 예를 들어 "어렸을 때는 장군이 되기를 원했고, 조금 뒤에는 경찰이 되기를 원했고, 그 다음에는 아버지의 직업인 마부가 되기를 원했다."라고 쓸 것이다.

사춘기 소녀들은 이런 식으로 쓸 것이다. "무용가가 되기를 원했다가, 다음에는 배우, 가수 또는 교사가 되기를 원했다. 그러다가 나는 영화계로 들어가길 원했지만, 결국에는 가사에 전념하게 될 것이다." 이 주제에 대한 글쓰기를 제안할 때, 우리는 그런 식으로 생각하는 예를 종종 발견한다.

어린이들의 꿈

철저한 심리 검사는 꿈의 세계까지 조사할 것을 요구한다. 고대부터 꿈들은 역사에서 엄청난 중요성을 지녔다. 고대의 책들은 꿈을 해석하는 것을 미래를 보는 한 방법으로 여기며, 꿈 분석에 초점을 맞추고 있다.

많은 사람들은 꿈 분석을 하나의 과학으로 여겨왔다. 우리는 지난 몇십 년 동안에 2명의 과학자가 꿈 해석에 큰 기여를 했다는 사실을 강조해야 한다. 거의 알려지지 않은 인물인 슈베르트(Schubert)는 꿈들에서 꿈을 꾸는 사람의 그림자 같은 것을 확인했다. 옛날 저자들의 저작물에서도 이와 비슷한 암시들이 발견된다. 예를 들면, 괴테(Johann Wolfgang von Goethe)의 시대를 살았던 리히텐베르크(George Lichtenberg)는 사람의 성격은 그 사람의 행동보다 꿈에 의해 더 쉽게 이해된다고 말했다.

지그문트 프로이트(Sigmund Freud)는 꿈을 이해하는 데 크게 기여했지만, 그의 개념은 모든 것을 유아기의 성적 욕망과 연결시켰다는 점에서 결함을 보였다. 나는 프로이트의 이 같은 믿음에 맞서 끊임없이 싸웠다. 훗날, 프로이트는 편파적인 이 개념을 버리고, 자신의 꿈 해석에 '죽음 소망'을 적용하려고 노력했다.

나의 입장에서 보면, 의미 있는 것은 언제나 이런 물음이다. 사람들이 이해하지도 못하는 꿈을 지속적으로 꾸는 이유가 무엇인가? 우리가 자신의 꿈에 관여하지 못하는 이유는 무엇인가? 어떤 사람이 잠에서 깨어나면서 "오늘, 말도 안 되는 꿈을 꾸었는데, 도무지 무슨 뜻인지 모르겠어."라고 느낀다. 사람들은 자신의 꿈을 전혀 신뢰하지 않는다. 꿈들을 다루는 방법을 알지 못하기 때문이다. 개인 심리학은 그 문제를 해결했으며, 그렇게 함으로써 꿈을 이해하는 방향으로 대단히 중요한 걸음을 내디뎠다.

꿈의 목적은 이해되는 것이 아니라, 꿈을 꾼 사람이 벗어나지 못할 분위기와 감정을 불러일으키는 것이다. 만약 우리가 이 분위기와 감정과 기분을 간직하게 된다는 사실을 고려한다면, 꿈을 꾸는 이유가 이해될 것이다. 우리가 논리만으로 해낼 수 없는 무엇인가를 성취할 수 있는 마음 상태 또는 분위기를 조성하는 것이 꿈의 목적인 것이다.

비록 꿈을 이해하지는 못하더라도 꿈이 창조하는 분위기는 우리와 함께 머물며 우리를 변화시킨다는 점을 우리는 부정하지 못한다. 예를 들어, 무서운 꿈을 꾼 누군가는 이튿날 결코 고무되는 기분을 느끼지 못할 것이다. 잠자리에서 일어날 때 그런 부정적인 기분이 수반되기 때문에, 그 사람은 그 꿈을 반영하는 방향으로 자극을 받고 움직일 것이다. 시험을 앞둔 상태에서 통과할 자신이 거의 없는 사람은 산의 절벽에서 협곡으로 떨어지는 꿈을 꾼다. 그러면 그 사람이 느끼는 무서운 분위기는 그가 모든 용기를 잃게 할 정도로까지 악화될 것이다. 그러다 보면, 그 사람은 이튿날 시험을 치러 현장에 나타나지 않을 수도 있다.

한편, 자신감에 넘치는 사람이 예를 들어 햇살 쏟아지는 오솔길을 걷다가 돌연 장엄한 성(城)을 발견하는 꿈을 꾼다면, 그 사람은 그 분위기에 고무되어 자신의 목표를 보다 쉽게 성취할 것이다. 이 사람은 잠에서 깨어나면서 시험을 직면하도록 고무하는 분위기 속에서 상쾌한 기분을 느끼고 행복해 할 것이다.

7장

회상과 공상과 꿈의 의미에 대해

오늘은 몇 가지 어린 시절의 기억들에 대해 논하고 싶다. 공립학교 3학년인 아홉 살짜리 소녀의 기억부터 보자.

> "어릴 때, 이웃 사람이 와서 나를 유모차에서 끌어냈어요. 그런 다음에 그 여자가 나에게 자기 딸의 옷을 입혔어요. 나는 복도에서 빠져나와서 계단을 올라갔지만 더 이상 나아갈 수 없었어요. 그때 나의 어머니가 나를 위해 왔어요."

이 회상의 보다 깊은 의미를 조사하면, 이 아이가 자신을 위해 무엇인가를 대신 해 줄 사람을 필요로 한다는 사실이 확인될 것이다.

> "이웃 사람이 나를 유모차에서 끌어내고는 나에게 옷을 입혔어요. 이어서 어머니가 나를 위해 왔어요."

여기서 어떤 라이프스타일 또는 라이프스타일의 파편들이 보인다. 소녀가 언제나 약하다고 느끼며 도움을 필요로 하게 만드는 라이프스타일이다. 이 이야기들은 심각한 열등감의 표현들이며, 우리는 응석받이 아이를 다루고 있다고 결론 내릴 수 있다.

"그때 이후로 나는 계단을 홀로 내려가지 못하게 되었어요."

이 대목에서 우리는 이 아이가 어떤 일을 혼자 해낼 수 있다고 믿지 않는다는 의견을 뒷받침하는 또 다른 증거를 확인한다. 소녀의 라이프스타일을 근거로, 그녀가 불안감을 느끼고 자신에 대한 믿음을 전혀 갖지 못하고 있다는 결론이 가능하다.

다행히도, 소녀로부터 어린 시절의 또 다른 기억을 끌어낼 수 있었다. 우리의 발견을 추가로 뒷받침하는 기억이다.

"우리는 오타크링거 거리로 산책을 나갔어요. 그때 유모차 안에 있는 어린 사촌을 밀어버리고 싶다는 생각이 들었어요. 사촌 여동생이 방석과 함께 유모차에서 떨어졌고, 나는 호되게 꾸중을 들었어요."

여기서 소녀는 뭔가를 자신의 힘으로 하기를 원하면서 그런 일을 찾고 있으나, 그녀는 실패를 경험했다. 이 대목에서, 아무리 의심 많은 사람이라도 우리의 평가가 옳다고 말할 것이다.

"어머니가 처음으로 카를로비바리로 여행을 떠났을 때, 나는 아주 심하게 울었어요. 그러나 아버지로부터 어머니가 곧 돌아올 것이라는 말을 듣고, 나는 스스로를 위로했어요."

그런 아이가 버팀목이 더 이상 없을 때 무엇을 할 수 있겠는가? 소녀는 버팀목이 돌아올 때에야 마음의 평화를 느낄 수 있다.

"어머니가 집에 돌아왔을 때, 나는 '엄마!'라고 소리를 질렀어요. 어머니는 내가 벌써 말을 할 수 있다는 사실에 매우 행복해 했어요."

이 기억들은 소녀와 어머니의 관계를 암시하는 정보들이다.

"나에게 처음으로 바나나가 주어졌을 때, 나는 그것을 껍질째 먹으려 들었어요."

이것은 아이가 혼자서 일을 처리해야 할 때 얼마나 형편없이 하는지를 보여주고 있다.

"그러자 아버지가 바나나 껍질을 벗겨주었어요. 나는 바나나를 가지고 먼저 얼굴부터 문질렀어요. 그런 다음에 바나나를 먹었어요."

소녀가 스스로 행동해야 하는 상황이 아니라면, 우리는 이 기억의 의미를 모른다. 소녀는 주어진 상황을 제대로 다루는 방법을 모르고 있다.

"우리는 여름휴가를 즐기기 위해 숲츠로 갔어요. 축사에 작은 염소가 한 마리 있었어요. 그런데 이 염소가 어느 순간에 뛰쳐나왔고, 나는 울기 시작했어요."

지금 누군가가 도움을 주러 와야 한다.

"그러자 옆집의 소녀가 와서 나를 대신해 염소를 잡아 주었어요."

소녀는 홀로 있을 때 속수무책이다. 언제나 누군가가 도우러 와야 한다. 소녀는 버팀목을 찾는 방향으로 움직이는 자신의 라이프스타일에 따라 행동할 것이다. 집에서 소녀는 어머니가 딸의 일로 바쁘도록 만들 것이며, 학교에서 소녀는 선생이 특별히 자신을 배려하도록 하기 위해 무력함을 드러낼 것이다. 다행히도, 우리는 이 경우에 대단히 광범위한 결론들을 끌어낼 수 있는 위치에 서 있다. 겉모습은 변할 수 있지만, 구조는 언제나 동일하다. 열등감은 즐거운 상황에서 사라지는 것처럼 보이지만, 상황이 변하면 다시 나타날 것이다.

어느 정도 경험을 쌓고, 기법을 제대로 적용하면, 꿈들에서도 그런 구조를 발견할 수 있다. 그 기법은 개인 심리학의 네트워크를 통해 쉽게 획득된다. 교육자는 사소한 사건들로부터 결론을 끌어낼 수 있기 때문에 대단한 이점을 누린다. 교육자는 자신의 앞에 있는 아이의 전체 삶을 하나의 전기(傳記)처럼 세세하게 들여다보고 있다. 그는 아이로부터 무엇을 기대할 수 있는지 알고 있으며, 실수를 피하기 위해 해야 할 것들에 대해서도 알고 있다.

아이는 자신의 내면에서 어떤 일이 벌어지고 있는지에 대해 아무것도 모르고 있다. 만약에 어떤 아이가 이것을 알고 우리가 보고 있는 것을 이해한다면, 또 그 아이가 자신의 라이프스타일의 구조 안에 어떤 실수가 자리 잡고 있다는 것을 파악하고 그 실패들이 자신에게 해를 끼치는 이 실수에서 비롯된다는 사실을 깨닫는다면, 다음과 같은 일이 벌어질 것이다. 먼저, 아이는 예전처럼 행동하고, 무력하게 주위를 두리번거리고, 지원을 구할 것이지만, 그와 동시에 자신의 행동이 잘못된 훈련에서 비롯된 실수라는 것도 알 것이다. 두 번째 단계에서도 아이는 실수들을 저지를 것이지만, 그 실수들을 인지하고 심지어 그것들을 통해서 자신이 대단히 나약하다는 점을, 그래서 도움을 필요로 한다는 점을 보여주려 할 것이다. 세 번째 단계에서, 아이는 자신의 실수들을 바로잡으려는 노력을 시작할 것이다. 이 같은 통찰을 얻은 뒤, 아이는 스스로 독립적인 존재로 일어서기 위해 지속적으로 훈련하며 자신의 삶의 행로를 보다 나은 방향으로 바꿔놓기 위해 노력할 것이다. 그러다가 아이는 새로운 방향이 훨씬 더 바람직한 삶의 방법을 제시한다는 사실을 깨달을 것이다. 그 후로, 아이는 가족 사이에서도 잘 지내고, 학교에서는 물론이고 삶을 영위하면서도 모든 일을 더 잘 처리할 것이다.

라이프스타일의 무의식적 본질도 조사해야 한다. 이것은 그 사람이 말하는 태도와 악수하는 방식, 자세, 얼굴색의 변화 같은 다양한 파편들의 도움을 받아야 하는 과제이다. 한마디로 말해, 그 사람이 하는 모든 사소한 움직임은 그의 라이프스타일의 무엇인가를 드러낼 수 있다. 이 모든 움직임은 마치 그 개인이 통제력을 전혀 갖지 않은 상태에서 어떤 역할을 연기하고 있는 것처럼 일어난다.

우리는 아이가 자신을 표현하는 방법들을 스스로 살피며 조심할 것이라고 합리적으로 기대하지 못한다. 분명히, 어떤 아이가 이 과정을 인지할 때, 습관적인 행동이 중단될 수 있다. 모든 사람은 자신을 표현하는 독특한 방법을 갖고 있다. 아무런 조치를 취하지 않는 경우에, 그 사람은 이 방법을 절대로 버리지 못한다. 그것이 반복되는 그의 내적 경향이기 때문이다. 그러나 그 경향에 주의를 기울일 때, 그가 자동적인 이 과정을 방해하게 되고, 그가 그 과정에 대해 생각할 때, 자동적인 그 과정이 더 이상 작동하지 않게 된다. 예를 들어, 다윈(Charles Darwin)은 코의 점막만 자극해도 우리가 자동적으로 재채기를 하게 된다고 말했다. 그러나 이 과정이 어떤 식으로 일어나는지에 대해 생각하기만 하면, 재채기를 하지 않게 된다.

어느 환자에게 재채기가 일어나는 과정에 대해 생각하라고 조언해 보라. 그러면 환자는 더 이상 재채기를 하지 않을 것이다.

어떤 사람이 한가로이 일상적인 산책을 즐기고 있다면, 그 사람은 자신이 이동하는 길에 대해 생각하지 않는다. 그러나 길을 걷던 중에 갑자기 얼음이 언 곳을 발견한다면, 그 사람은 겁을 먹으며 자신의 움직임을 주시하게 된다. 그러면 그는 더 이상 "무의식적"으로 걷지 않을 것이다. 이 예는 사람들의 자동적인 라이프스타일과 비슷하다. 자동적인 활동이 적절히 잘 돌아가는 한, 그리고 그 사람이 전혀 아무런 문제에 봉착하지 않는 한, 그는 생각하지 않게 되며, 따라서 모든 것이 늘 예상한 대로 진행된다. 그 사람은 오직 어려움에 봉착할 때에만 생각하기 시작한다. 만약 그 시점에 그의 사고가 상식과 일치한다면, 아무런 문제가 일어나지 않을 것이다.

어느 아이의 목표는 자신의 자동적인 태도와 일치하는 쪽으로 행동하는 것이다. 그 아이의 의식적인 생각도 동일한 사고 노선을 따를 것이다. 만약 여기서 다른 심리학자들이 "무의식"이라고 부르는 것을 자동적인 라이프스타일로 대체한다면, 우리는 의식과 무의식이 동일한 목표를 추구하고 있고 서로 구분 불가능하다는 사실을 발견할 것이다. 우리는 사악한 힘들이 무의식에서 중요한 역할을 한다고 주장하는 심리학자들에게 강력히 반대한다.

우리는 어린이들이 미래에 되고자 하는 인물에 관한 몽상과 공상에서 그들의 라이프스타일의 파편들을 추가적으로 발견할 수 있다. 이제 아이들의 몽상과 공상에서 가장 흔하게 발견되는 것을 보여주는 그런 몽상을 소개할 생각이다. 구체적인 어떤 아이가 진정으로 아쉬워하고 있는 것이 무엇인지를 보여주는 몽상이다.

돈에 집착하는 아이

"가진 돈이 거의 없는 어머니가 어느 날 아이들에게 '너희들은 매일 원하는 만큼의 돈을 요구할 수 있어.'라고 말했어요."

우리의 경험에 근거하면, 이 몽상은 돈에 관심이 아주 많은 아이를 가리키고 있다. 아이가 돈과 관련하여 어떤 문제를 경험했을 때에만 떠올릴 수 있는 몽상이다. 그런 일이 없었다면, 아이는 이런 특별한 몽상을 꾸지 않았을 것이다.

"그러자 올리가 '나는 집을 갖고 싶어. 집 짓는 사람 불러 줄 수 있어?' 라고 말했어요. 어머니는 '당연하지.'라고 대답했고요. 이어 집 짓는 사람이 와서 나를 위해서 가족의 집을 세상에서 가장 아름답게 지어주었어요."

이 아이는 가족의 집을 짓고 싶다는 생각을 품게 한 어떤 경험을 했을 것임에 틀림없다. 아마 소녀는 한때 더 나은 환경에서 살았을 것이다. 그러다가 갑자기 사정이 변했고, 이 문제가 소녀에게 특별히 중요한 이슈가 되었을 것이다.

"집이 다 지어졌을 때, 나는 세상에서 가장 아름다운 가구를 구입했어요. 이어서 집안을 정리하고 아이들을 사랑할 가정부를 구하기 위해 신문에 광고를 냈어요. 지원자들이 많이 왔고, 우리는 최종적으로 로테라는 이름의 소녀를 고용했어요. 집에 장난감이 가득 든 방들이 있었어요. 그 집에 살기 시작할 때, 나는 빈의 게른그로 백화점에 가서 비단 드레스를 샀어요."

이 아이는 한때 보다 나은 시기를 살았음에 틀림없다. 소녀의 이웃들은 값비싼 주택을 소유한 부자였을 것이다.

"나는 또 예쁜 코트와 밀짚모자를 샀어요. 그런 다음에 집에 가서 1,000억을 요구했어요."

그런 금액을 통해서, 아이는 자신이 돈을 대단히 중요시한다는 사실을 분명히 표현하고 있다. 소녀는 강한 열등감에 시달리고 있으며, 삶은 돈 없이는 불가능하다고 믿고 있다.

> "그 다음에 나는 점심을 사러 갔어요. 다음날 내가 아는 아이들을 모두 파티에 초대했어요."

지금 우리는 어떤 소유물도 갖지 않은 아이가 그 같은 사실을 얼마나 강하게 느끼는지를, 그리고 그녀가 대조적으로 터무니없는 소망을 품게 되는 이유를 확인하고 있다. 여기서 이동은 아래쪽에서 위쪽으로 향하고 있다. 소녀는 1,000억을 요구한 다음에 그것으로 점심을 사기 위해 나간다. 그녀는 돈으로 무엇을 할 것인지에 대해서는 생각이 전혀 없다.

> "아이들이 왔을 때, 나는 먼저 그들에게 대단히 훌륭한 음식을 대접했으며, 이어서 우리는 함께 놀았고, 그런 다음에 친구들은 모두 집으로 돌아갔어요."

소녀는 다른 아이들과 연결을 맺기를 원한다. 우리는 그녀가 자기중심적인 감정을 갖고 있다고 말하지 못한다. 왜냐하면 소녀가 자신만을 위해서 돈을 원하는 것이 아니기 때문이다. 당연히, 타인들을 위해 돈을 지출하려는 경향도 우월감이다. 그녀는 유익한 무엇인가를 하고 자신의 부의 일부를 타인들에게 넘김으로써 자존감을 높인다.

우리는 꿈들에서도 이 파편들을 만난다. 개인 심리학은 일방적인 관찰로 만족하지 않는다. 우리는 문제의 모든 측면을 조사했다는 사실을 확인하기 위해서 언제나 새로운 증거를 수집하려고 노력한다.

지난번 강연에서 나는 이미 꿈의 중요성에 대해 말했으며, 또 고대에 꿈은 모든 민족에게 의미 있는 역할을 했다는 점에 대해서도 언급했다. 우리는 '성경'과, 꿈들을 신들의 암시로, 미래를 예견하는 결정적인 지표로 여긴 고대 로마인들과 이집트인들도 꿈에 중요성을 부여했다는 사실을 확인할 수 있다.

우리는 자기 자신에 대해 강한 확신을 갖지 못하는 사람들만 꿈을 꾼다는 것을 본능적으로 알아차렸다. 꿈들을 자세히 관찰하면, 자신이 안전하다고 느끼는 사람, 말하자면 자신이 해야 할 일을 잘 아는 사람은 꿈을 꾸지 않는다는 것이 확인된다. 이 같은 사실은 누군가가 깨어 있는 동안에 자신의 힘으로 해결할 수 없다고 생각되는 문제를 안고 있을 때 꿈을 꾸게 될 것이라는 이야기를 들려주고 있다. 그런 경우에 그 사람이 꿈을 꾸는 이유는 그 어려움을 해결하기 위해 다른 그 무엇이 필요하기 때문이다. 개인 심리학은 꿈이 꿈을 꾼 사람이 따르기를 원하는 특정한 어떤 경로를 가리키는 감정이나 정서나 내적 방향을 일으킨다는 점을 분명히 증명했다. 꿈은 정말로 어떤 분위기를 조성하기 위해, 말하자면 꿈을 꾸는 사람에게 그 꿈에서 생겨나는 분위기 없이 그의 문제 해결 능력만으로는 주어진 문제를 해결하지 못한다는 감정을 안기기 위해 꾸어진다.

어떤 사람이 곤경에 빠질 때, 꿈은 어떤 분위기를 자극하면서 그가 논리만으로, 그리고 그의 라이프스타일의 범위 안에서 풀 수 없는 그 문제를 해결하기 위해 따라야 할 지침을 제시할 것이다. 사실, 우리의 꿈 세계와 깨어 있는 상태 사이에 근본적인 차이는 전혀 없다. 우리는 자신이 무엇인가를 확신하기를 원할 때 분위기와 감정을 동원한다.

예를 들어, 안톤 체홉(Anton Chekhov)의 소설 '사이렌'(The Siren)을 보자. 이 작품에서 작가는 어떤 분위기를 조성함으로써, 이 소설의 경우에 맛있는 다양한 음식을 묘사하는 것만으로도 등장인물에게 허기를 일으킬 수 있다는 사실을 보여주고 있다. 음식에 대한 갈망이 워낙 강해지기 때문에, 그것만 아니었더라면 임무에 충실했을 공무원이 음식에 대한 갑작스런 욕구를 충족시키기 위해 사무실을 뛰쳐나간다. 이 예에서, 공무원은 의무를 잊게 하는 분위기 때문에 일까지 팽개쳤다.

인간 정신은 논리뿐만 아니라 감정의 지배도 받는 경향이 있으며, 논리적 이해와 모순되는 분위기를 창조할 수 있다. 우리 모두는 자신의 문제 앞에서 논리적인 해결책을 간과하고, 자신의 감정과 분위기에 의지함으로써 보다 덜 논리적인 해결책을 찾으려고 노력한다. 많은 행동들이 논리적으로 이해되지 않는다. 우리는 또한 깨어 있는 상태에서도 분위기를 창조할 수 있다. 슬픈 일에 대해 생각하거나, 우리와 가까운 사람에게 곧 닥칠 수 있는 재앙을 예견하는 때가 그런 예이다.

그런 상황에서 우리의 기분은 우리의 생각과 조화를 이룰 것이다. 우리가 유쾌한 일행과 함께 있거나 행복한 사람들 사이에 끼어 있다고 상상할 때, 우리의 기분은 거기에 따라 형성될 것이다. 예를 들어, 쿠에(Emile Coué)는 이 방법을 이용하여 사람들에게 자기 암시를 통해 상황이 언제나 더 나아질 것이라는 점을 설득시킴으로써 그들이 행복하고 현명해질 수 있기를 원한다. 우리는 어떤 아이가 논리와 일치하지 않는 기분과 감정에 굴복할 것이라는 점을 이해할 수 있다. 그러나 우리는 기분을 창조하는 일에 한계가 있다는 점도 인정해야 한다. 그럼에도 우리는 선택적 공상을 통해 감정과 기분을 일으킬 것을 권하지 않는다. 또 개인적 우월을 성취하기 위해서, 영웅적이고 신 같은 전형에 빠지는 방법을 통해서 정신적 감정에 구체성을 부여하는 것도 권하지 않는다. 우리는 예를 들어 자신감이 전혀 없고 문제 해결을 피하도록 하는 라이프스타일을 가진 아이가 그 라이프스타일과 일치하는 기분과 감정을 드러낼 때, 다양한 단서들로부터 결론들을 끌어낼 수 있다.

그러면 일부 아이들은 문제들을 유익한 방향으로 극복함으로써 문제를 해결하기를 원한다. 그 아이들은 적절한 기분과 감정을 창조하고, 과장되지 않은 공상을 선택한다.

우리가 맘껏 상상의 나래를 펴는 꿈의 세계에서, 현실은 거의 아무런 통제력을 발휘하지 못한다. 나는 나의 목표에 적절한 공상과 분위기를 창조할 수 있으며, 이 공상과 분위기는 내가 이 감정들을 불러일으키지 않았더라도 따랐을 경로를 발견하는 일을 도울 것이다. 이 분위기는 나의 행동들을 정당화한다. 누군가가 자신의 감정에 따라 행동했다고 말할 수 있을 때, 그 같은 사실은 많은 것을 의미한다.

감정들은 전반적인 라이프스타일의 일부일 뿐이다. 왜냐하면 그 개인이 감정들을 창조하려고 노력했고, 자신에게 적절하다는 이유로 그 감정들을 불러냈기 때문이다. 그 감정들은 그의 것이다.

만약 누군가가 어떤 구체적인 문제에 휘말린 가운데 그 문제를 해결할 수 없다는 느낌을 받는 상태에서 잠자리에 든다면, 그 문제는 그가 잠을 자는 동안에도 그를 따라다니며 그에게 그의 논리나 상식의 방해를 받지 않는 어떤 영향을 끼치기 시작할 것이다. 그러면 그 사람은 심상(心象)들을 불러낼 것이고, 그 문제와 비슷한 상황들을 발견할 것이고, 그 감정들을 창조하는 데에 필요하다고 느끼는 해법들을 찾을 것이다. 그는 자신의 라이프스타일이 강요하는 경로를 따르는 것을 정당화하려고 할 것이다. 꿈을 꾸는 사람이 꿈을 꾸는 동안에 선택하는 수단은 그가 깨어난 뒤에 그 감정에 따라 행동하며 동원하는 수단과 동일하다. 이것은 개인 심리학의 관점을 또 다시 뒷받침한다.

우리가 꿈에서 감정을 어떤 식으로 불러일으킬 수 있는지를 실제 예를 통해서 보여주고 싶다. 전쟁(제1차 세계대전) 동안에, 나는 전쟁으로 야기된 신경증을 앓는 군인들을 위한 대형 육군 병원의 책임자를 맡았다. 솔직히 말해, 나는 그 직위를 좋아했다. 왜냐하면 내가 신경증 환자를 전선으로 보내고 싶어 하지 않았기 때문이다. 환자들은 꽤 행복했으며, 부당한 대우를 두려워하지 않았다. 나는 좋은 결과들을 경험했다.

한 번은 어떤 젊은이가 나를 찾아와 자신의 신경이 쇠약하다고 불평하며 나에게 군 복무를 면제시켜 달라고 부탁했다. 비록 그가 신체적 장애를 가진 사람처럼 허리를 구부정하게 굽힌 채 돌아다녔을지라도, 그의 불평은 정당하지 않은 것으로 확인되었다. 나는 각 환자에 대해 최종적으로 결정할 권한을 가진 현지 야전 병원의 책임자에게 환자들에 관한 보고서를 제출해야 했다. 이 젊은이가 나의 병원을 떠나야 하는 날이 되었을 때, 나는 그에게 그의 상태가 징병을 연기할 정도는 아니라고 말했다. 그 순간, 젊은이는 갑자기 허리를 쭉 곧게 펴며 군 복무에서 풀려나도록 해 달라고 통사정을 했다. 그가 가난한 학생이고 늙은 부모를 부양해야 한다는 이유에서였다.

그렇다면, 그를 병역에서 면제시키지 않는 것은 곧 그의 가족 전체의 종말을 의미할 것이다. 그를 위로하면서, 나는 그가 경계 의무만 지는 곳으로 배치될 수 있도록, 힘닿는 데까지 최선을 다해 보겠다고 약속했다. 그렇게만 된다면, 그가 한나절 일할 자리를 찾을 수 있을 터였다. 그래도 그는 만족하지 않았다. 그는 자신을 위해서 추가로 부담을 줄일 조치를 취해 달라며 나에게 울며 간청했다. 그러나 나는 전시라는 점을 고려할 때 야전 병원의 책임자가 나의 부당한 완화 조치에 반대하며 즉각 그를 전선으로 보내 버릴 것이라고 예상해야 했다. 그날 밤 나는 집에 가서 그 문제를 놓고 다시 깊이 생각했지만 그에게 경계 업무를 맡기는 외에 다른 방법을 떠올리지 못했다.

그날 밤, 나는 살인자가 되는 꿈을 꾸었다. 누구를 죽였는지는 알 수 없었다. 나는 컴컴한 골목길을 돌아다니며 살인자 라스콜니코프[2]처럼 죄책감을 느끼는 상태와 죄책감을 느끼지 않는 상태를 번갈아 경험했다. 그러나 나는 살인 행위를 저질렀다고 느끼면서 몸을 떨며 잠에서 깨어났다. 곧 나는 그 꿈이 이 특별한 젊은이와 연결된다는 것을 깨달았다. 그 꿈은 내가 젊은이의 간청을 들어주지 않을 경우에 느끼게 될 죄책감을 과장되게 보여주었다.

논리적으로, 나는 그 젊은이를 위태롭게 하지 않는 상태에서는 내가 취한 방법 외에 다른 방향으로 처리할 수 없었을 것이다. 그러나 나는 그를 위해서 그 이상의 조치를 취해야만 한다는 감정을 여전히 느끼고 있었다. 꿈에서 나는 나의 논리를 취소하길 원했다. 나는 그가 부모를 부양할 수 있도록 하기 위해 그에게 더 가벼운 임무를 확보해 주기를 원했다. 이 같은 자기 기만을 발견했을 때, 나는 논리적으로 생각해낸 권고를 다시 재확인했다.

2 표도르 도스토예프스키의 '죄와 벌'에 등장하는 인물.

그런 발견을 했기 때문에, 나는 나 자신이 과장된 감정에 다시 사로잡히는 것을 허용하지 않았다. 이 예에서, 상식은 내가 살인자라고 암시할 수 없었을 것이다. 그 같은 결론은 지나치게 멀리 나가는 것일 수 있다. 그러나 나는 그 꿈이 나의 동정심을 확장시키며 나를 살인자로 그림으로써 하나의 비유를 창조하고 있다는 것을 충분히 알고 있다.

미학적 발달 덕분에 우리는 비유의 형식으로 생각할 수 있다. 우리는 비유를 좋아할지라도 어떤 비유든 일종의 교활한 기만이라는 사실을 잊지 말아야 한다. 실제 상황 또는 논리에 비춰보면, 그것은 일종의 날조다. 이 관점은 또한 시인들이 비유를 이용하는 관행에도 적용될 수 있다. 우리는 무엇인가를 설명하거나 묘사하기를 원하면서도 진실을 적나라하게 그대로 드러낼 수 없을 때 비유를 이용한다. 비유적 표현은 우리로 하여금 구체적인 어떤 사람이 가고 싶어 하는 곳이 어딘지를 보도록 한다. 교사도 자신이 묘사하는 것을 강조하기 위해 비유를 이용할 것이다. 비유는 일종의 예술적 속임수이다.

8장

꿈 이론에 대하여

꿈이라는 주제와 관련해, 개인 심리학은 지금까지 다음과 같은 내용을 관찰했다.

1) 꿈은 그 꿈을 꾸는 사람이 삶의 어떤 상황에서 자신의 논리에 맞서게 하는 분위기를 창조하는 임무를 맡고 있다. 그 상황으로 이끈 것은 바로 그의 라이프스타일이다.
2) 꿈을 꾸는 사람은 꿈 속에서 자신의 라이프스타일과 관련 있는 어떤 수단을 동원한다. 꿈에서 그 사람이 자신의 기억 중에서 자신의 과제를 경감시켜줄 이미지들까지 거슬러 올라가기 때문에 그렇게 말할 수 있다. 이 이미지들은 그의 문제 해결에도 바람직해 보일 것이다.
3) 꿈을 꾸는 사람은 자신의 목적을 달성하는 데 필요한 분위기를 강화하기 위해 직유와 은유를 즐겨 발견한다.

우리의 관찰들은 한 가지 사항으로 모아진다. 꿈을 꾸는 사람이 논리나 지성을 이용할 경우에 잃어버릴 것 같은 경로를 따르기 위해 특별한 어떤 분위기를 필요로 한다는 것이다. 바로 그런 이유 때문에, 꿈을 꾸는 사람은 당연히 자신의 꿈을 이해하지 못한다. 우리는 그 사람이 자신의 꿈에 취해 있다고 말할 수 있다. 그의 꿈에서 현실은 그에게 어떤 영향력도 행사하지 못하며 모든 단계에서 그를 조금도 통제하지 못한다.

우리의 관찰들을 통합시키기 위해서, 우리는 선택적인 어떤 지침을, 꿈속에서 통하는 어떤 방향을 설정했다. 그 선택 과정은 고의적이다. 그 사람의 기억으로부터 흘러나오는, 꿈 속의 사건들과 행위들이 어린 시절의 기억처럼 라이프스타일과 맞아떨어지니 말이다. 그 사람의 라이프스타일은 그 사람의 관심사들을 합리화하고, 그 관심사들은 우월을 추구하려는 그의 분투를 촉진시킬 것이다.

우리는 또 꿈들을 바탕으로 우리 앞에 있는 아이 또는 어른의 유형을 결정하기를 원한다. 그렇다고 꿈이 모든 것을 말해준다고 믿는다는 뜻은 아니다. 그러나 한 편의 꿈은 그 사람의 라이프스타일을 확정하는 일에 큰 도움을 줄 수 있다. 우리가 다른 한 측면으로부터 정보를 추가로 얻을 수 있기 때문이다.

꿈을 꾸는 사람이 감정을 창조하거나 분위기를 확립하기 위해, 다시 말해 자신을 기만하거나 중독시키기 위해 동원하는 또 다른 수단은 문제를 축소하는 것이다. 그러면 그 사람은 한 가지 사항만을 선택함으로써, 마치 그것이 전체 문제인 것처럼 생각하며 문제의 전체 범위를 파악하지 않게 될 것이다.

우리는 깨어 있을 때에도 달리 행동하지 않는다. 우리는 이 원리를 하루에도 수천 번씩 볼 수 있다. 수영을 배우고 싶지 않은 소년이 물에 들어가기를 거부하는 때가 그런 예이다. 그 상황에서 우리는 이렇게 말함으로써 소년의 문제를 에두르려고 애쓴다. "얘야, 잘 들어봐. 물만 조금 묻히면 되는데, 왜 안 하려고 하니?" 그런 경우에 우리는 그것이 소년이 물에 들어가지 않도록 막고 있는 전부인 것처럼 말한다. 꿈을 꾸는 사람도 종종 자신의 문제의 한 가지 측면만을 선택한다. 마치 그 외에 다른 모든 것은 중요하지 않다는 듯이.

문제를 축소시키는 현상의 반대는 문제를 과장하는 현상이다. 내가 전쟁 중에 어떤 문제를 해결하려고 고민하던 중에 꾸었던 꿈에 대해 설명할 때, 나는 이미 이 과장의 예를 제시했다. 따라서 우리는 꿈들을 통해서 어떤 결심을 품게 될 수 있다. 이 꿈들은 우리가 몽상이나 공상, 어린 시절의 기억 등에서 얻을 수 있는 정보를 종종 제공할 뿐만 아니라, 아이가 과제를 직면할 때 취하는 태도를 이해하는 데 필요한 정보까지 제공한다.

몇 가지 전형적인 꿈은 자주 나타난다. 이 꿈들은 동일한 의미를 지니지는 않을지라도 언제나 똑같은 분위기를 불러일으키며, 어떤 측면에서 보면 비슷하다. 자주 나타나는 이 꿈들은 우리에게 출발점을 제공한다. 우리는 '추락하는 꿈'을 자주 접한다. 꿈을 꾸는 사람이 어딘가로 떨어지는 꿈이다. 일부 사람들의 경우에 이 꿈은 단순히 떨어지는 느낌만을 안겨준다. 이때 그 꿈이 너무나 강렬하기 때문에, 일부 예들에서 꿈을 꾸는 사람이 실제로 침대에서 떨어지기도 한다. 그 꿈은 당연히 꿈을 꾸는 사람이 조심하지 않을 경우에 자신에게 일어날 수 있다고 상상하는 것을 대단히 극적인 형태로 보여준다. 꿈은 그 사람에게 조심하도록 경고하는 분위기를 창조한다. "조심해. 할뤼스 강[3]을 건너지 마. 당신은 위험에 처해 있고 패배할 수 있어."

이 꿈의 빈도를 근거로, 우리는 대부분의 사람들이 용기가 부족한 탓에 경계와 두려움이 그들의 삶에서 중요한 역할을 하고 있다고 결론을 내리지 않을 수 없다. 따라서 우리는 사람들이 대단히 두려워하고 있다고 말해야 한다. 그렇기 때문에 만약에 사람들이 더 큰 용기를 갖게 된다면, 전체로서 인류의 역사뿐만 아니라 개인들의 역사도 꽤 달라질 것이라고 말할 수 있다.

자주 나타나는 또 다른 꿈은 공중을 날아다니는 꿈이다. 이것은 우월을 확보하려는 노력을 표현하고 있다. 날아다니는 꿈은 현실에서 성취할 수 없는 무엇인가를, 초인적인 능력을 요구하는, 인간의 능력을 벗어난 무엇인가를 성취하는 방법을 나타내고 있다. 그런 꿈을 꾸는 아이들은 분명히 우월 욕망을 가리키는 특성들을 보인다. 날아다니는 꿈은 간혹 추락에 관한 꿈과 연결된다. 이 두 가지를 연결시키는 접점은 "높이 오를수록 더 깊이 떨어진다."거나 "높이 올라가지 않으면 떨어질 일도 없다."는 속담에 표현되고 있다.

세 번째로 자주 나타나는 꿈을 보면, 누군가가 사람이나 동물에 쫓기고 있다. 틀림없이 이 꿈은 선천적으로 스스로를 허약한 존재로 보고 타인을 강한 존재로 보는 개인을 보여준다. 그런 꿈들은 강력한 열등감을 나타내고 있다. 강도들의 꿈도 동일한 범주에 속한다. 예를 들어, 강도들은 큰 위험에 처한 상황에서 달아날 길이 전혀 없거나, 쫓기며 뒤쪽의 문을 닫으려 하는데 그 문이 닫히지 않는다는 내용의 꿈을 꾼다. 이 꿈들은

3 튀르키예에서 가장 큰 강이다.

꿈을 꾸는 사람이 저항 불가능한 압박감과 깨어 있는 느낌을 경험하는 악몽을 상기시킨다.

꿈을 꾸는 사람이 기차나 전차를 놓치는 꿈도 자주 나타난다. 그런 꿈을 꾸는 사람들은 종종 자신이 불행한 운명을 타고났다고 느끼며 불운은 타인들에게는 일어나지 않고 언제나 자신에게만 일어난다고 믿는다. 어려운 상황에 처한 상태에서도 거기에 개입하길 원하지 않는 사람도 그런 꿈을 경험할 수 있다. 그 사람은 그 상황을 해결해야 하는 입장으로부터 몰래 뒤로 물러나기를 원한다.

시험을 쳐야 하는 상황에 관한 꿈도 많다. 당분간, 우리는 시험을 치는 것에 관한 꿈을, 무서운 분위기를 창조하는 데 이바지하는 공포감과 관련 있는 신호로 해석한다. 많은 사람들이 자주 나타나는 이 전형적인 꿈들을 경험한다.

가끔 꿈들이 한 개인에게 거듭 나타나기도 한다. 이처럼 주기적으로 나타나는 꿈들은 적절히 이해되기만 하면 그 사람의 성격을 분명하게 보여준다. 그 꿈들에서, 꿈을 꾸는 사람은 다양한 상황을 겪으면서도 우월이라는 목표에 닿기 위해 언제나 동일한 다리를 찾을 것이다. 이 꿈들은 그가 자신의 라이프스타일이 추구하는 방향으로 나아갈 수 있도록 그 라이프스타일에 필요한 분위기를 일깨울 것이다.

흥미로운 것은 꿈을 많이 꾸는 사람이 있는가 하면 꿈을 거의 또는 전혀 꾸지 않는 사람도 있다는 사실이다. 꿈을 거의 또는 전혀 꾸지 않는 이유는 그 사람이 자신에게 거짓말을 하거나 자신을 속이길 좋아하지 않기 때문인 것 같다. 그런 사람들은 자신의 기분에 넘어가지도 않고, 자신의 감정에 휘둘리지도 않는다. 꿈을 잘 꾸지 않는 사람들은 자신이 만족스런 상황에 놓여 있다는 사실을 확인하고 있거나, 적어도 그 상황에서 달아나려는 욕망을 전혀 품지 않고 있거나, 자신이 얽혀 있는 문제를 해결하려는 충동을 전혀 느끼지 않고 있다. 일상의 삶에서 논리보다는 강력한 감정을 따르는 사람들이 꿈을 더 자주 꾼다.

일부 사람들은 짧은 꿈을 꾼다. 그런 꿈들은 그들이 자신의 문제를 해결할 지름길을 발견했고 적절한 분위기를 창조하기로 결심했다는 이야기를 들려주고 있다. 보다 길고 복잡한 꿈들은 그 사람이 일관된 분위기를 창조할 수 없었다는 이야기를 들려주고 있다.

꿈의 의미를 명확하게 밝히지 못하는 때가 종종 있다. 꿈을 꾸는 사람이 자신을 어떻게 속일 것인지, 그리고 적절한 분위기를 어떤 식으로 창조할 것인지를 결정하지 못하고 있을 때, 그런 꿈이 잘 나타난다.

이 대목에서, 아이들의 꿈들을 소개하고 싶다.

공립학교 3학년인 어느 소년의 꿈이다.

> "밤에 꿈을 꾸는 일은 절대로 없어요. 낮에 아주 드물게 꿈을 꿉니다."

의지가 굳은 이 소년은 자신의 길을 알고 있고 스스로를 속이려 하지 않는다.

> "나는 다 큰 뒤에 우리의 가정부와 결혼하는 상상을 가끔 합니다."

이 아이는 절대로 터무니없는 말을 하고 있지 않으며, 결단력 있고, 성장한 뒤에 할 일을 벌써 알고 있다.

"내가 가정부를 좋아하는 이유는 그녀가 나에게 잘 해 주기 때문입니다. 그녀가 신랑과 함께 결혼식장으로 들어갈 때, 나는 그곳으로 뛰어가 그들을 떼어 놓을 것입니다."

우리는 소년이 이 문제를 진지하게 받아들이고 있다는 사실을 확인할 수 있다. 소년은 적극적으로 간섭할 것이며, 필요하다면 물리력까지 동원할 태세를 갖추고 있다.

이번에는 공립학교 4학년인 어느 소녀의 꿈이다.

"침대에서 잠을 자다가 꿈을 꾸었어요. 이번에는 악몽이었습니다. 나는 어둡고 무시무시한 홀에 서 있었어요. 거기에 큰 창문이 2개 있었지만, 그래도 매우 음침했어요. 나는 하얀색 긴 망토를 걸친 죽음을 보았어요. 죽음은 방 안을 이리저리 돌아다니고 있었어요. 죽음은 눈도 없고 머리카락도 없었지만, 나를 보기를 원하는 것 같았어요. 나는 소리를 지르려 했지만, 목소리가 제대로 나오지 않았어요. 그때 나는 아버지를 보았습니다. 아버지는 꽤 다른 모습이었어요. 아버지는 끝이 뾰족한 갈색 턱수염을 기르고 있었으며, 발이 네 개였고, 매우 젊어 보였어요. 그러다가 갑자기 더 이상 아무것도 보이지 않았어요."

비록 이 꿈이 복잡해 보일지라도, 우리는 명쾌하게 분석할 수 있다. 이 아이는 친척의 죽음을 떠올리며, 자신과 가까운 누군가의 죽음이 자신에게 어떤 영향을 끼칠 것인지에 대해 생각하고 있다. 소녀의 아버지가 꿈에 매우 젊은 모습으로 나타나고, 소녀는 아버지의 죽음은 아직 아주 멀다고 생각하며 자신을 진정시키길 원한다. 그녀는 아버지가 죽으면 어떻게 할 것인지에 대해 걱정하는 것 같다.

소녀는 어머니보다 아버지와 더 가까운 것 같다. 이 지점에서, 나는 일부 심리학자들이 아버지의 죽음에 대한 이런 걱정을 부모가 죽기를 원하는, 모든 아이들의 소망을 반영한다는 식으로 단정한다는 사실을 지적하고 싶다. 나는 그런 죽음 소망을 접한 적이 한 번도 없다.

이 예에 나타나는 슬픈 분위기는 꿈에 의해 창조되었다. 아이는 아버지가 죽은 뒤에 세상이 얼마나 끔찍할 것인지, 그리고 자신이 할 수 있는 것이 무엇인지에 대해 상상하며 미래에 대해 생각하고 있다. 동시에, 소녀는 자기 아버지도 죽을 수 있지만 지금은 매우 젊다고 생각하며 자신을 안심시킨다. 소녀가 꿈에서 네 발을 가진 아버지를 보는 것은 일종의 주문(呪文)으로 봐야 할 것 같다. 이 점에 대해서 나는 더 이상 나아가고 싶지 않다.

공립학교 4학년인 소녀의 꿈이다.

> "언젠가 천사에 관한 아름다운 꿈을 꾼 적이 있어요. 내가 정원에 서 있는데, 어떤 남자가 나를 연못으로 던지려 들었어요. 그때 갑자기 천사가 나타나 두 팔로 나를 붙잡았어요. 천사는 '만약 당신이 이 아이를 물속으로 던진다면, 당신도 죽을 거야.'라고 말했어요. 이어 천사는 나와 함께 하늘로 날아 올라갔어요. 그는 나의 부모도 함께 데리고 갔어요. 그곳은 아주 멋있었어요. 그 후로 나는 매우 행복했답니다."

이 아이는 틀림없이 버팀목을 찾고 있다. 남자와의 관계는 그녀에게 위험한 상황처럼 보인다. 남자는 그녀를 연못으로 던지길 원한다. 이것은 남자는 위험한 존재라는 것을 의미한다. 보호를 위해 천사를 우리 편에 둘 필요가 있다. 소녀가 응석받이로 컸다는 사실을 뒷받침하는 추가적인 증거는 부모와 함께 천국으로 가려는 그녀의 욕망이다.

> "언젠가 예수 그리스도가 거기에 있는 꿈을 꾸었어요. 그 전날, 내가 예수 그리스도에게 편지를 한 통 썼는데, 그것이 이 꿈을 꾼 이유였어요. 나는 하늘까지 닿는 크리스마스트리를 받는 꿈을 꾸었어요. 나는 매우 행복했어요. …"

꿈에는 전날 있었던 어떤 심리적 에피소드의 연속이 아닌 다른 것은 절대로 나타날 수 없다. 그녀는 스스로 이런 식으로 심리적 결론을 내리고 있다.

> "… 왜냐하면 크리스마스트리의 가지에 너무나 많은 사탕들이 매달려 있었기 때문입니다."

소녀는 분명히 먹는 것에 대한 관심을 강하게 보이고 있다.

> "그때 내가 눈을 크게 뜨며 마차에서 커다란 장난감 곰을 보았어요."

우리는 그녀가 시각 유형의 아이라고 단정할 수 있다.

"내가 크리스마스트리에서 사탕 하나를 떼려 할 때, 갑자기 문이 열리고 성 니콜라스[4]가 들어왔다가 금방 다시 달려 나갔어요."

사탕을 슬쩍하는 것은 금지되어 있다.

"잠에서 깨어난 뒤, 나는 마차에서 커다란 크리스마스트리와 큰 곰 인형을 찾았어요. 그런데 모든 것이 사라지고 없었어요. 엄마가 꿈 속에서 나에게 입맞춤을 해 주었어요."

틀림없이, 이 아이는 어머니와 아주 밀접하게 연결되어 있으며, 커다란 크리스마스트리로 상징되는 큰 소망을 품고 있다. 마지막 문장에서 볼 수 있듯이, 애지중지 응석받이로 자란 탐욕스런 아이가 자신의 꿈을 묘사하고 있다. 소녀는 아직 충분히 얻지 못했으며, 적어도 어머니로부터 입맞춤은 받아야 했다.

학습이 느린 아이들을 위한 4학년 학급에 다니는 소녀의 꿈이다.

"아버지와 함께 산책을 나갔어요. 우리는 한 시간을 걸은 뒤에 다시 한 시간을 더 걸었지만 목적지에는 닿지 못했어요. 마지막에 우리는 어느 집에 이르러 그 집으로 들어갔어요."

이 아이는 어쩐지 불안을 느끼며 자신이 맡은 과제를 감당할 수 있다

4 A.D. 3세기와 4세기에 걸쳐 동로마 제국에서 활동한 기독교 성직자로 산타클로스와 연결되는 인물이다. 축일은 12월 6일.

고 느끼지 못한다.

"그 집에 들어갔더니, 온 곳에서 은이 보였어요. 우리는 은을 바라보며 황홀해하다가 그만 잠들고 말았어요."

꿈에서 그들은 잠들고 있다.

"우리는 악마가 우리를 잡아채서 어떤 산으로 옮기는 꿈을 꾸었어요. 우리 둘은 아래로 미끄러졌어요. 한 사람은 이곳에 도달했고, 다른 한 사람은 저곳에 도달했어요. 그러다 우리는 잠에서 깨어났으며, 이미 7시였기 때문에 침대에서 빠져나와야 했지요."

언제나 어려움이 있다. 마지막으로, 산책 끝에 악마가 갑자기 나타나 그들을 산 위로 데려갔으며, 그들은 거기서 미끄러져 아래로 내려갔다. 그들은 곤경에 직면하고 있으며, 꼭대기에 머물 수 없다. 아이의 필체는 언제나 위쪽으로 올라가는 모습을 보이며, 이 같은 현상은 단순히 우연일 수도 있지만, 그녀는 평소에 활발하지 않으며 일들이 제대로 풀리지 않을 것이라고 믿고 있다. 그녀는 자신이 그냥 아래로 미끄러질 수 있다고 생각하며 왜 노력해야 하느냐고 묻는다. 이것은 아마 그녀가 배움이 느린 학생들[5]의 학급에 포함되어 있는 사실과 관련 있을 것이다.

5 불행하게도, 지적으로 발달이 늦은 아이들이 꾼 꿈에 관한 정보를 우리는 전혀 확보하지 못했다. 내가 겪은 아이들의 예를 근거로 한다면, 적어도 그런 아이들은 꿈을 자주 꾸지 않는다고 결론 내려도 무방할 것 같다. 만약 이 결론이 증거로 뒷받침될 수 있다면, 진단에 그것을 이용하는 것도 유익할 것이다.

중학교 2학년에 재학 중인 열한 살짜리 소년의 꿈이다.

"언젠가 어떤 개울에 관한 꿈을 꾸었어요. 나는 개울을 따라 걷다가 황량한 지점에 이르러 거기서 어린 상어를 보았어요. 그래서 장난감 권총을 끄집어내어 상어를 쏘아 죽였어요."

이 어린 영웅은 편하게 생각한다. 그는 권총을 갖고 있지만, 상어는 권총을 갖고 있지 않다.

"상어를 들어 올렸더니, 총을 맞은 흔적이 세 곳 이상이었어요."

이것이 특별히 영웅적인 행동처럼 보인다.

"나는 상어를 집으로 끌고 와서 배를 갈라 내장을 끄집어냈어요. 그런데 그 장면이 너무나 소름 끼쳤기 때문에 그만 잠에서 깨어났어요."

이에 대한 설명이 있어야 한다. 이 소년은 안에 있는 것들에 관심이 있을 수 있지만, 그 관심이 그다지 크지는 않다.

같은 학급의 다른 학생이 꾼 꿈이다.

"최근에 매우 기이한 꿈을 꾸었어요. 나는 자물쇠 수리공이었고, 나에게는 부모가 없었어요."

이 소년은 아마 미래의 일에 대해 미리 생각하고 있었을 것이다.

> "나는 매우 친절한 부인의 집의 작은 방에서 살고 있었어요. 부인은 나의 어머니를 많이 닮았어요. …"

이 아이는 과거를 회상하며 어머니에 대해 생각하고 있는 고아일 수 있다.

> "… 부인은 나에게 집세도 요구하지 않았어요."

이 아이는 실제로 부모가 없다고 어느 선생이 나에게 귀띔해 주었다. 여기서 우리는 엄마가 없다는 사실을 결코 잊지 못하는 열두 살 아이를 보고 있다. 이 아이는 그 같은 사실을 잊을 수 없으며, 엄마가 있었다면 삶이 어땠을까 하고 생각하고 있다.

> "부인이 나에게 아침을 갖다 준 어느 날, 나는 갑자기 기쁨에 겨워 소리를 질렀어요. 그 부인에게서 나의 어머니를 볼 수 있었기 때문이었어요. 그 즉시 나는 잠에서 깨어났어요."

이 소년은 엄마만 있으면 자신의 삶이 즐거웠을 것이라고 믿고 있다. 아침도 그저 얻어먹을 것이고, 집세도 내지 않을 것이고, 언제나 행복할 것처럼 생각된다.

고아들은 어머니가 없다는 슬픈 사실의 의미를 종종 과장한다. 그런 아이들은 자신의 삶에 일어나는 모든 문제와 곤경을 어머니가 없는 사실과 연결시킨다. 그러다 보니 종종 쓰라린 감정을 품게 되고 멸시당한다는 감정을 품게 된다.

고아인 어느 도제 소년이 떠오른다. 그 상황에서, 그는 함부로 다뤄지다가 자살을 하고 말았다. 소년은 이런 내용의 편지를 남겼다. "차라리 부모님과 함께 있고 싶어요." 그에게는 공상과 현실 사이의 괴리가 너무나 컸다. 이 괴리를 소년은 더 이상 직면할 수 없었다.

지금까지 논한 꿈들은 이 아이들이 특별히 용기 있는 아이가 아니라는 이야기를 들려주고 있다. 유일한 예외는 보다 강한 도전자를 물리치고 소녀와 결혼하길 원한 소년뿐이다. 다른 예들에서, 우리는 용기가 모자라는 아이들을 다루고 있다. 꿈들에서, 우리는 우리 모두의 용기가 지나치게 작다는 사실을 지속적으로 발견한다.

꿈들과 회상들을 근거로, 우리는 기본적으로 이 아이들이 허약하다고 결론 내릴 수 있다. 온갖 종류의 두려움에 시달리는 아이들은 위험과 패배에 사로잡혀 지낸다. 이 아이들은 자신의 목표를 성취하는 데 충분한 힘을 절대로 끌어내지 못할 것이다. 어떤 문제에 용기를 갖고 접근하지 못하는 가운데, 아이들은 꿈을 통해서 문제 해결을 피하도록 하거나 문제에 대단히 조심스럽게 접근하게 할 분위기를 창조한다.

이 아이들의 행동은 특유한 삶의 철학을 반영하고 있으며, 이 삶의 철학은 그들이 문제를 보거나 직면하는 방식에서, 그리고 그들이 끌어내는 모든 결론들에서 모습을 드러낸다. 예를 들어, 만약에 어떤 사람이 마치 언제나 경주를 벌이고 있는 것처럼 서두르고, 만족하지 못하고, 두려워하고, 누군가가 자기를 따라잡을 것이라고 걱정한다면, 그 사람을 도울 수 있는 방법으로, 그의 삶의 철학이 잘못되었다는 사실을 보여주는 것 외에 달리 무엇이 있겠는가?

"만인에 대한 만인의 투쟁"도 일종의 삶의 철학이긴 하지만, 그것은 사회적 타당성을 전혀 지니지 못한다. 이 견해의 허위성이 폭로되어야 하며, 사람들은 모두 상식에 충실하고, 모든 이들에게 유익하고 이로운 삶의 철학의 타당성을 인정할 수 있어야 한다.

9장 사회적 감정

이번 강연에서는 지금까지 논한 것을 전반적으로 검토하고, 아울러 어느 문제아의 과거를 해석하고 싶다. 그 과정에, 아이를 이해하는 최선의 길은 그 아이와 공감하고 동일시하는 것이라는 사실이 확인될 것이다.

어느 집을 지나치다가 하녀가 마치 좁은 창턱에 서 있는 것처럼 움직이며 3층의 창문을 닦는 것을 보게 될 때, 누구나 긴장을 느끼게 된다. 이런 감정은 우리가 그녀의 자리에 서 있다는 느낌에 의해서만 설명될 수 있다. 곡예사가 줄 타는 장면을 지켜볼 때에도 똑같은 감정이 일어난다. 또한 연사가 갑자기 적절한 단어를 찾지 못해 당황할 때에도, 우리는 마치 그의 입장에 처한 것처럼 당혹감을 느낀다.

이해하는 것은 정말로 공감의 한 행위이다. 공감은 삶의 초기부터 중요한 역할을 맡으며 우리가 존재하는 모든 순간에 우리 곁을 지킨다. 예를 들어, 극장에서 우리는 배우의 역할에 공감한다. 책을 읽을 때에는 주인공과 동일시한다. 수많은 예들은 이해하는 것은 곧 상대방과 공감하는 것이라고 말하는 이유를 보여준다. 그러나 공감은 연습해야만 가능하다. 우리는 소설을 읽으며 종종 공감을 연습한다.

따라서 어느 문제아를 진정으로 이해하고 있다면, 우리는 다음과 같은 감정을 느끼게 될 것이다. '나도 저 아이의 상황에 처한다면 저 아이와 똑같이 행동할 것이고, 똑같은 환경에서 자란다면 나도 동일한 실수를 저지르고 동일한 목표를 설정하게 될 거야.' 그런 아이와 하나로 느껴질 때, 비로소 우리는 그 아이를 이해할 수 있다. 만약 아이와 하나가 되는 것을 느끼지 못한다면, 그런 상황에서는 모든 노력이 헛되고 소용없다. 그때는 아이를 위해 아무것도 할 수 없다. 이유는 아이가 라이프스타일을 창조하면서 저지른 실수가 드러나지 않을 것이기 때문이다. 우리는 최고의 무기를 활용할 수 있으며, 개인 심리학의 네트워크의 도움을 받아 그 실수가 일어난 지점을 발견할 수 있다.

우리 모두는 그 실수를 찾아내기 위해 던져야 하는 중요한 질문을 알고 있다. 이 불평들이 언제부터 시작되었는가? 그런 실수들은 대부분 아이가 과거로부터 자신이 살고 있는 현재로 이동할 준비를 제대로 갖추고 있지 않은 시점에 일어난다.

우리는 아이의 문제를 확인하는 테스트로 몇 가지 새로운 상황을 이용할 수 있다는 것을 배웠다. 아이의 반응 또는 반응의 결여를 바탕으로, 우리는 그 아이가 제대로 준비가 되어 있는지 여부를 결정할 수 있다. 우리가 던져야 하는 질문들은 언제나 사회적인 성격을 지니는 것들이다. 이 질문들은 아이가 삶이나 타인들, 자신의 과제를 어떻게 보는지에 관심을 두고 있다.

삶은 곧 사회적인 질문들의 연속이며, 개인이 그 질문들에 적절히 대답하기 위해서는 어느 정도의 사회적 감정이 요구된다. 우리는 자신에게 기대되는 것을 수행하지 못하는 아이는 그런 것을 하는 방법을 전혀 배우지 않았고 또 배울 준비도 되어 있지 않다는 사실을 알 정도로 많은 경험을 쌓았다. 이 같은 사실은 우리가 처벌 문제를 다른 각도에서 보도록 한다. 우리는 아이가 실수를 바로잡을 준비를 적절히 갖추지 못한 이유를 발견하고, 그것을 바탕으로 아이를 올바르게 준비시키는 임무를 안고 있다.

앞에서 아이의 라이프스타일의 발달에 영향을 끼치는 다양한 상황들을 검토했다. 라이프스타일의 형성은 어머니와의 관계에서부터 시작한다. 우리는 아이의 행동을 바탕으로 어머니와의 관계가 올바르게 발달했는지 여부를 확인할 수 있다. 아이의 모든 신체 기관들은 그 발달의 질(質)에 따라 기능할 것이다. 아이는 어머니가 엄마에게만 쏟는 아이의 관심을 타인들에게로 확장시키는 데에 어느 정도 성공했느냐에 따라 달리 관찰하고, 듣고, 행동할 것이다.

형제자매의 출생은 또 다른 새로운 상황을 제시한다. 그것은 아이가 사회적 감정을 충분히 확보했는지, 아니면 자신에게만 관심을 쏟고 있는지를 측정할 수 있는 좋은 기회이다. 이어서 새로운 상황들이 따른다. 유치원 입학이 있고, 부모 중에서 아이와 특별히 가까운 쪽이 오랫동안 병에 걸려 아이를 돌볼 수 없게 될 수도 있고, 병에서 회복한 아이가 따스하게 보살핌을 받는 환경에서 더 이상 과도한 보살핌이 없는 환경으로 이동하며 충격을 받을 수도 있다. 응석받이로 자란 아이가 계모나 계부를 맞거나 고아가 될 때, 또는 아이가 초기에 부유한 환경에서 성장하다가 부모가 갑자기 고난의 시기를 맞음에 따라 더 이상 예전처럼 안락하게 자라지 못하게 될 때, 마찬가지로 힘든 상황이 전개된다.

아이가 삶에서 맞닥뜨리는 역전(逆轉)도 중요하다. 예를 들면, 아이가 처음에 관대하게 보살피는 사람이나 친절한 조부모와 함께 살다가 적대적인 의붓어머니나 아버지와 살기 위해 옮겼다가 마지막에 부모의 집에 돌아와서 살면서 그들로부터도 적절한 보살핌을 받지 못할 수 있다. 어떤 아이가 어려운 상황에 직면할 때, 그 아이가 삶을 살며 문제를 해결할 준비를 제대로 갖추었는지 여부가 드러난다. 학교와 교사의 교체도 중요한 요인이다. 한 선생은 다정다감하고 다른 선생은 엄격할 수 있기 때문이다. 아이의 사회적 감정의 크기는 그가 친구들 사이에서 겪는 문제와 사람들에 대한 그의 일반적인 관심을 바탕으로 측정할 수 있다. 나중에는 일과 사랑과 결혼에서 비롯되는 문제들이 그 사람의 사회적 감정의 크기를 드러낸다. 모든 아이는 저마다 하나의 독특한 상황을 나타낸다. 우리는 이 질문에 특별히 관심을 기울이고 있다. 왜 이 아이는 타인들에게 관심을 전혀 보이지 않고 사회적 감정을 전혀 보이지 않는가?

우리는 또한 준비가 제대로 되어 있지 않거나 사회적 감정이 전혀 없거나 거의 없는, 세 가지 유형의 아이들이 있다는 것도 알게 되었다. 열등한 신체 기관을 가진 아이들과 애지중지 응석받이로 큰 아이들, 무시당한 아이들이 그들이다.

이 아이들은 무거운 짐을 진 상황에서 성장했기 때문에 타인들보다 자기 자신에게 훨씬 더 많은 관심을 쏟고 있다. 생후 4년에서 5년 사이에 이미 자동적인 것이 되어 버린 라이프스타일을 발견하기 위해, 우리는 아이가 따르고 있는 노선을 드러낼 다양한 암시들을 찾아내야 한다. 아이의 표정과 자세, 모든 움직임을 바탕으로 결론을 끌어낼 수 있다.

아이의 잠자는 자세도 아이가 삶을 대하는 태도를 보여준다. 예를 들어, 아이가 고슴도치처럼 최대한 웅크리고 잔다면, 우리는 그 아이가 활력과 용기를 결여하고 있다고 단정할 수 있다. 아이의 잠자는 자세가 차렷 자세와 비슷하다면, 그 아이는 언제나 커 보이길 원할 것이다. 엎드린 채 등을 어떤 사람 쪽으로 돌리고 누웠다면, 그 아이는 보통 반항을 나타내고 있다. 이런 취침 자세도 허약한 아이임을 암시하는 두려움처럼 라이프스타일의 구성 요소이며, 그런 자세는 일반적으로 응석받이로 큰 아이를 의미한다.

우리는 또 어떤 사람이 자신의 어린 시절 초기의 기억에 어느 정도 집착하는지를 파악할 수 있다. 판독하기 힘든 상형문자 같은 이 신호들을 이해할 수만 있다면, 우리는 그 아이의 원형(原形)으로부터 많은 것을 발견해낼 것이다. 아이가 가족 안에 서 있는 위치도 그 아이가 거의 틀림없이 특정한 어떤 길로 발달하도록 만든다. 직업 선택과 공상, 몽상, 꿈도 그 사람의 라이프스타일과 일치하는 단서들을 제공하며, 따라서 그 사람을 더 잘 이해할 수 있는 기회를 준다.

"너 자신을 알라."는 가르침은 아이들을 양육하는 데 중요한 지침 역할을 해 왔다. 이 가르침은 우리에게 아이가 자신의 실수를 완전히 이해하도록 도울 것을 요구할 뿐만 아니라, 아이가 그 실수들을 제거하는 것까지 도울 것을 요구한다. 아이가 자신의 행동과 자신의 그릇된 사고 사이의 연결을 이해할 때, 그 아이는 자신의 삶의 경로를 결정할 수 있는 방법을 한 가지 더 확보하게 된다. 그런 아이는 더 이상 이전과 동일하지 않다. 그 아이는 스스로 통제력을 발휘하기 시작하고 실수들을 제거할 조치를 취할 수 있다. 이것은 오직 "자신을 앎"으로써만 성취할 수 있는 진정한 성공이며, 비판이나 처벌이나 뇌물로는 절대로 이뤄지지 않는다.

사회적 감정의 전체 과정은 어디서 시작하는가? 모든 아이의 영혼은 사회적 감정의 발달을 이룰 잠재력을 갖고 있다. 사회적 감정은 가장 먼저 어머니와의 관계에서 발달한다. 아이가 연결을 맺는 최초의 사람이 어머니이기 때문이다. 아이가 사회적 관계를 맺는 최초의 친밀한 사람인 어머니는 아이에게 믿을 만한 동료 인간의 모델이 되어 줄 수 있어야 한다. 그것이 어머니의 첫 번째 중요한 기능이다.

앞에서 언급한 바와 같이, 어머니의 두 번째 기능은 아이가 삶의 과제를 떠안을 수 있도록 준비시키고, 아이의 관심을 타인들에게로, 그리고 이 땅 위의 모든 생명체들에게로 확장시키는 것이다. 어머니는 또한 아이가 아버지와 형제자매들에게까지 관심을 확장시키도록 하는 방법을 이해해야 한다. 우리는 네 살 내지 다섯 살 먹은 아이들이 미래에 적절한 동료 인간이 될 것인지 여부를 예상할 수 있다. 그런 지식을 바탕으로, 우리는 많은 실수들과 양육 상의 문제들과 신경증, 범죄를 낳는 조건, 그리고 자살과 매춘과 성 범죄로 이어지는 발달을 사전에 예방할 수 있다. 그릇된 이 방향들은 사회적 감정을 거의 또는 전혀 갖추지 않아서 타인들과 적절히 연결되지 못하는 사람들에게 생긴 결함을 나타내고 있다. 오직 사회적 감정과 행동 사이의 이 연결을 인식함으로써만, 우리는 인류가 지금까지 실수를 예방하기 위해 벌인 노력이 아주 작으며 앞으로 해야 할 일이 너무나 많다는 사실을 확인할 수 있다.

실수를 저지른 사람이 그 실수를 깨닫도록 하는 것은 절대로 쉬운 일이 아니다. 문제아의 전체 라이프스타일은 변화에 맞서 싸운다. 페스탈로치는 이렇게 강조했다. "만약 당신이 무시당하며 자란 아이를 향상시키길 원한다면, 그 아이는 모든 측면에서 당신에게 맞서며 언제나 그 과제를 어렵게 만들 것이다." 바로 그것이 무의식적인 라이프스타일의 방어이다. 무의식적 라이프스타일은 변화에 저항하며, 하나의 기계처럼 지속적으로 익숙한 경로를 따르기를 원한다. 문제아를 치료하길 원한다면, 대단한 인내와 우정, 공감이 필요하다.

아이는 타인들에게 관심이 많은 동료 인간을 필요로 한다. 그 아이는 우리의 관심을 이해하지는 않더라도 느끼기는 한다. 그 아이가 자기 자신에게만 관심을 두는 이기주의자의 특성들에 공감하지 않으니 말이다. 누군가의 가슴에 사회적 감정을 불러일으키길 원한다면, 우리는 어머니의 두 가지 기능을 실행해야 한다. 아이가 먼저 우리에게 관심을 갖도록 한 다음에, 그 아이의 관심을 타인들 쪽으로도 돌릴 수 있어야 하는 것이다. 우리는 아이가 오직 우리에게만 관심을 갖도록 허용하거나, 아이의 내면에 사회적 관심을 전혀 불러일으키지 않음으로써 어머니의 실수를 다시 반복해서는 안 된다. 우리의 주된 과제가 아이의 사회적 감정을 일깨우는 것이기 때문에, 우리에겐 다른 것을 선택할 여지가 전혀 없다.

사회적 감정은 인간의 발달과 밀접히 연결되어 있다. 사회적 감정을 가진 아이는 더 잘 듣고, 더 잘 보고, 더 잘 기억하고, 더 많이 성취하고, 친구들을 사귀는 능력도 뛰어나고, 놀기도 더 잘 놀고, 타인들에 비해 더 나은 감각을 갖고 있다. 그 아이의 사회적 감정은 아이의 눈이 더 잘 보도록 하고, 아이의 귀가 더 잘 듣도록 하고, 아이의 가슴이 더 잘 느끼도록 한다. 사회적 감각을 충분히 소유한 사람들은 성취도 더 잘 하고, 문제도 더 잘 극복하고, 훈련도 더 많이 한다.

자신의 문제를 잘 해결하는 사람뿐만 아니라 학교나 사회적 집단, 직장에서 높은 자리에 오른 사람들도 보다 강력한 사회적 감정을 소유하고 있다. 그러나 그 외의 다른 사람들에게는 무슨 일이 일어나는가? 틀림없이, 그들은 유익한 노력에서 두드러지는 모습을 보이지 않는다. 호의적인 상황이 어쩌다 그들을 탁월한 위치에 올려놓는다 하더라도, 그런 사람들은 그 자리를 오랫동안 지키지 못할 것이다. 그런 사람들은 인기를 얻지 못할 것이고, 3가지 결정적인 과제(우정과 일과 사랑)를 다루는 데 실패하고 말 것이다. 이유는 그들이 타인들에게 관심을 충분히 보이지 않기 때문이다. 오직 충분한 사회적 감정만이 그런 과제를 성공적으로 성취할 수 있도록 한다.

이제 문제아 몇 명의 예를 설명하고, 우리가 개인 심리학과 우리의 네트워크의 도움을 받아 어떻게 그 아이들의 특징과 라이프스타일을 이해할 수 있는지를 보여줄 계획이다.

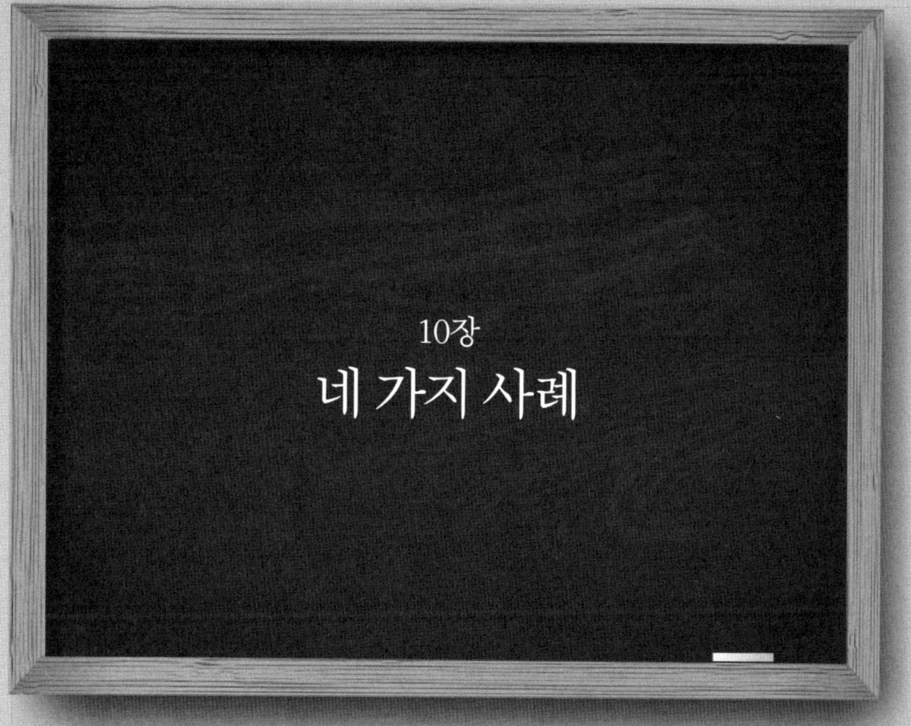

10장

네 가지 사례

사례 #1

중학교 2학년에 재학 중인 11세 소녀이다. 소녀의 어머니의 불평은 평소에 행동이 괜찮은 아이가 이따금 매우 무례해진다는 점이다.

우리는 어린 아이의 정신에는 절대로 기적이 일어나지 않는다는 가정에서부터 시작해야 한다. 따라서 우리는 이렇게 물을 수 있다. 어떤 상황이 이 아이가 그릇되게 행동하도록 만드는가?

> 소녀는 나이가 16개월 더 많은 언니가 자신의 목욕 가운을 빌리려고 장롱에서 끄집어낼 때 나쁜 행동을 보인다. 그럴 때면 소녀는 언니가 자기 옷을 더럽힐 것이라고 외치며 비명을 지르기 시작한다.

가족 상황에서 이런 예는 자주 발견된다. 그러면 이런 질문을 던져야 한다. 이런 상황이 아니라면 행동을 올바르게 했을 소녀가 격분하며 비명을 지르기 시작할 때, 거기선 도대체 무슨 일이 벌어지고 있는가? 우리의 대답은 당연히 소녀가 언니 앞에서 자신이 둘 중 더 강한 사람처럼 보이도록 행동하기를 원한다는 것이다. 우리는 소녀에게서 언니를 능가하길 원하는 경향을 본다. 앞에서 우리는 일반적으로 두 자매는 서로를 준거 기준으로 삼는 환경에서 성장한다는 점을 강조했다. 그런 환경 안에서 동생은 언니와 동등해지거나 언니를 능가하려고 노력한다. 한편, 언니는 자신의 위치를 지키거나 강화하려고 노력한다.

> 언니는 여동생을 힘들게 만드는 경향을 보이며, 여동생이 자기보다 덜 중요해 보이는 상황에 처하도록 한다. 언니가 동생을 시험한다. 코트를 갖고 와서 땅바닥에 떨어뜨리는 것이다.

이 같은 상황을 바탕으로, 우리는 이 소녀가 사회적으로 준비가 잘 되어 있는지를 판단할 수 있다. 이 상황은 소녀가 자기 자신에게 엄청난 관심을 쏟고 있다는 사실을 보여준다. 이를 근거로, 우리는 여동생이 둘 중에서 자신이 약자라는 것을 알고 있으며, 자신을 내세우는 유일한 방법이 소리를 지르는 것이라는 사실을 알고 있다고 단정할 수 있다. 소녀는 어떤 위안도 안겨주지 않는 강한 열등감을 안고 있으며, 그래서 그녀는 어떤 상황에서 자제심을 잃는다.

> 똑같은 장면이 벌어지는 다른 상황이 하나 더 있다. 동생이 옷을 차려

입는 동안에 언니가 방을 가로질러 걸을 때, 그런 일이 벌어진다.

여동생은 평균보다 더 쉽게 당황하는 것 같다. 똑같이 쉽게 당황하는 어머니는 그것이 어린 딸이 비명을 지르는 이유라고 단정한다. 우리는 소녀의 어머니의 말에 동의하지 않는다. 우리는 이 아이가 열등감 때문에 당혹스러워 한다고 말한다. 이것이 두 자매가 육체적으로 서로 어떤 식으로 비교하고 있는가 하는 질문을 던지도록 한다. 어머니의 말에 따르면, 집을 방문하는 낯선 사람마다 언니를 더 좋아하는 모습을 숨기기 어려울 정도로 언니는 특별히 예쁜 반면에, 동생은 작고 못생겼다. 자신이 무시당하는 현실을 지켜보면서, 여동생은 자신이 본래부터 불리하다고 믿으면서 그런 불리한 입장이 드러날 수 있는 상황에 처하게 될까 봐 두려워한다.

나는 소녀의 어머니에게 동생인 이 소녀에게 삶에서 아름다움은 그리 큰 역할을 하지 않고 건강이 아름다움보다 훨씬 더 중요하다는 사실을 깨닫도록 가르치라고 조언했다.

이 아이는 또한 결석을 자주 함으로써 학교를 좋아하지 않는다는 사실을 드러낸다. 그녀는 학교를 중요하게 여기지 않는다. 소녀의 어머니가 최근에 일어난 일에 대해 이야기해 주었다. 어느 날 아침에 소녀는 언니에게 학교에 가기 위해 7시에 일어나는 것이 싫다고 말했다. 이에 언니는 이렇게 대답했다. "그러면 일어나지 마! 하루 종일 집에서 지내도록 해!" 소녀는 실제로 학교에 가지 않고 10시까지 침대에 누워 있었다. 학교에 가지 않은 이유를 추궁하자, 소녀는 언니가 그렇게 하라고 해서 그냥 집에 있었다고 말했다.

우리가 확인할 수 있듯이, 싸움은 조금도 누그러지지 않고 계속된다. 동생이 언니를 부정적으로 비치게 할 온갖 기회를 다 이용하고 있기 때문이다. 동생의 목적은 언니를 자신과 동일한 위치에 놓는 것이다. 그러나 그 목표가 어떤 식으로 성취되고 있는가?

부모에 따르면, 두 딸 중 어느 딸도 더 총애를 받지 않고 있다. 그러나 나는 언니가 더 예쁘기 때문에 부모로부터 자부심이 느껴지는 눈길을 받고 있으며, 그 결과 동생이 무시당하고 있다는 느낌을 받게 된다고 믿는다. 동생은 또한 언니를 앞지를 수 없다는 약점을 안고 있다. 소녀는 언니보다 탁월해질 수 있는 길을 전혀 보지 못하고 있다. 그런 소녀에게 그릇된 관점을 지적해 줘야 한다. 또한 억압당하고 있다고 느끼거나 약하다고 느끼는 사람만이 비명으로 상대방을 누르겠다는 희망을 품고 소리를 지른다는 사실을 소녀가 이해하도록 해 줘야 한다.

우리는 이 아이의 라이프스타일을 찾아내고, 어디서 실수들이 저질러졌는지를 알아내야 한다. 어머니는 소녀의 관심이 언니에게까지 확장되도록 이끄는 데 실패했다. 어머니는 심지어 이 소녀와 끈끈한 관계조차 맺을 수 없었다. 어머니는 "딸을 매우 퉁명스럽게 대하기 때문에" 소녀가 자기보다 아버지를 더 좋아한다고 말한다. 그런 식의 접근은 아이의 사랑을 얻는 방법으로 적절하지 않다. 그렇다면 이 아이를 어떻게 봐야 하는가? 이 아이가 소년이라면, 아름다움은 하나의 요인이 되지 못할 것이다. 그러나 이 아이는 스스로 유복하다고 느끼는 가정에서 성장하고 있는 소녀이기 때문에, 예쁘게 보이는 것이 성취보다 훨씬 더 중요하다. 우리가 아름다움이라는 인습적인 이상을 지나치게 강조하는 곳에서, 아이들은 당연히 고통을 겪을 수밖에 없다.

어머니가 추가로 보고하는 바와 같이, 이 소녀는 볼품없이 생긴 탓에 친구가 하나도 없다. 그 같은 사실은 소녀가 뚱뚱하다는 사실과 관계있을 것이다. 소녀는 친구를 사귀지 못한다. 왜냐하면 아이들은 그녀를 비웃고, 그녀는 경주를 벌이는 사람처럼, 그 점에 매우 민감하게 반응하기 때문이다. 이 점에서 보면, 소녀의 사회적 감정은 발달할 기회를 전혀 누리지 못하고 있다. 소녀는 선생과의 사이도 원만할 수 없다. 소녀가 학업에서 진척을 이루지 못해 나쁜 점수를 받기 때문이다. 소녀는 실제로 장래에 대해 별다른 기대를 품지 않고 있다. 그러나 나는 학교에서의 그녀의 가능성을 낮게 보지 않는다. 그래도 학교는 성취를 이룰 수 있는 길을 제공할 수 있다. 당연히 보상이 따르는 길이다.

그녀는 사람을 따르지 못한다. 그녀의 어머니가 그녀를 위해 무엇인가를 구입할 때, 그녀는 이렇게 외친다. “엄마가 나를 대신해서 뭔가를 사면, 그건 내가 직접 사지 못한다는 뜻이잖아!”

소녀는 무엇이든 자신이 직접 하고 다른 사람을 따르지 않음으로써 스스로 두드러지기를 원한다.

소녀가 밤에 잠을 자려 하지 않는다는 사실을 알게 되어도, 우리는 놀라지 않는다. 부모는 작은딸인 소녀가 먼저 침대로 가도록 정했다. 소녀는 그것이 불공평하다고 생각하고는 언니가 늦은 시간까지 잠을 자지 않는 것이 허용되는 한에는 자기도 침실로 가지 않겠다고 버텼다. 한편, 언니는 동생이 먼저 자러 가야 한다고 고집을 부렸다. 자매가 마침내 자러 가기로 동의할 때, 그 경주는 침대에서도 계속된다.

두 아이는 저마다 침대 머리맡의 불빛 아래에서 책을 읽는다. 그러면 어머니가 방에 들어와서 딸들에게 시간이 늦었다며 먼저 동생 침대의 불을 끈다. 어머니는 작은딸에게 언니는 계속 책을 읽을 수 있어도 "너는 안 돼."라고 말한다. 여기서 다시 소녀는 부당하다는 느낌을 받는다.

이 소녀는 어머니에게 과감히 맞설 수 있는, 어머니의 취약점을 발견한다. 식사 시간에, 소녀가 큰 소동을 일으킨다. 적어도 가족이 식사를 할 때만은, 소녀의 어머니는 큰딸보다 작은딸에게 더 많은 관심을 기울여야 한다.

나는 어머니에게 작은딸이 결심하는 모습을 보이는 때가 있는지 물었다. 부모는 대체로 이 질문을 정확히 이해하지 못한다. 어머니는 소녀가 끊임없이 감시를 받고 언제나 언니와 함께 지낸다고 말한다. 어머니가 집을 비울 때는 늘 가정부가 집을 지킨다. 작은딸이 혼자 있기를 좋아하는지 아니면 두려워하는지에 대한 질문에, 어머니는 "그 아이는 언제나 누군가를 옆에 두기를 원한다."고 대답한다.

이 소녀는 지속적으로 긴장하고 있을 것이다. 예를 들어, 소녀는 수영을 배우는 데 문제를 겪을 수 있다. 수영 강사가 자신에게 적대적일 것이라고 생각하며 그를 믿지 않으려 들 것이기 때문이다. 만약 그런 태도를 가진 아이들이 스스로 헤엄치는 법을 배울 수 있다면, 그들은 자신이 위험한 상황에 처했다는 느낌을 받지 않게 될 것이다.

소녀를 치료하는 방법과 관련해서, 우리는 다음과 같이 말할 수 있다. 이 아이는 사람들에게 적의를 품을 위험을 안고 있다. 소녀는 진정으로 사회적인 사람이 아니다. 소녀는 삶을 누가 우위에 서는지를 결정하는 투쟁의 장으로 보고 있다. 모두가 망치나 모루 중 어느 하나가 되어야 한다는 식이다. 망치가 되지 못하는 사람은 당연히 모루가 된다. 소녀는 모루가 되기를 바라지 않는다.

사람들이 서로 싸울 때보다 사회적 감정을 갖고 서로 다정하게 대할 때 삶에서 훨씬 더 많은 것을 얻을 수 있다는 사실을 우리는 소녀에게 분명히 보여줘야 한다. 소녀가 품고 있는 망상을 설명하기 위해서, 소녀에게 그녀의 실수들이 어떻게 하여 일어나게 되었는지도 보여줘야 한다. 소녀가 언니를 절대로 따라잡지 못한다고 생각하면서, 이 경주에서 자기보다 탁월한 것 같은 언니를 괴롭힐 방법을 발견해야 한다고 단정하고 있기 때문이다. 또 그녀가 언제나 긴장한 상태로 지내는 까닭에 학교에서 학업도 제대로 따라잡지 못하고 친구도 사귀지 못한다는 점도 알려줄 필요가 있다.

우리의 임무는 어머니의 기능을 수행하는 것이다. 먼저 소녀를 설득시켜 우리에게 관심을 갖게 해야 하고, 이어서 소녀가 그 관심을 타인들에게로 확장할 수 있도록 이끌어야 한다. 우리는 소녀가 친구를 사귈 수 있도록 도와야 한다. 또 소녀가 학업에 뛰어난 훌륭한 학생이 됨으로써 학교에서 두드러질 수 있도록 도와 줘야 한다.

나중에 무엇이 되고 싶으냐는 질문에, 소녀는 "아버지가 하는 분야에서 일하고 싶어요."라고 대답했다. 그녀는 자기 아버지처럼 되길 원한다. 소녀의 대답을 바탕으로, 우리는 그녀가 여성적인 측면을 추가로 더 발달시키지 않으려 하는 것은 아닌지 의심할 수 있다. 소녀의 아버지의 사업은 전기용품을 파는 것이다. 언니는 무엇이 되려고 하느냐는 질문에, 소녀의 어머니는 "걔는 그런 문제에 관심이 없어요."라고 대답했다. 언니는 아마 결혼하여 주부가 되기를 원할 것이다. 소녀의 언니는 그런 일이 저절로 일어나기 때문에 스스로 목표를 설정할 필요가 없다고 믿는다. 여기서 다시, 우리는 자매 사이에 극명한 차이를 확인한다. 언니의 그 같은 생각은 의식적인 사고 과정이 아니라, 문제들의 제거에 의해 저절로 일어나는 일이다. 한편, 동생은 아무도 자기를 좋아하지 않을 것이라고 느낀다. 이것이 그녀가 아버지의 업종에 종사하기를 바라는 이유이다.

나의 판단에, 옳은 경로는 이 아이에게 학교에서 진척을 이룰 가능성을 안겨주는 것이다. 소녀가 낙관적으로 학업에 임하도록 용기를 불어넣을 수 있다면, 틀림없이 그 쪽으로 길이 열리게 되어 있다. 소녀는 늘 긴장과 우울을 느끼지는 않는 사회적인 사람으로 바뀌어야 한다. 말하자면 모든 것을 올바로 보고, 편안함을 느끼고, 적대적인 환경에서 사는 것처럼 행동하지 않는 그런 사람이 되어야 하는 것이다.

사례 #2

각각 7세와 9세인 소년들이다. 나는 작은 아이가 이제 초등학교 1학년이기 때문에 학습 능력이 어느 정도인지 아직 잘 모른다.

여기 소년이 둘 있다. 한 소년이 다른 소년보다 나이가 많다. 같은 가족 안에서도 아이들은 서로 다른 상황에서 성장한다. 우리는 이 아이들이 동일한 환경에서 성장한다고 단정하지 못한다. 형은 첫 2년 동안 외동이었으며, 틀림없이 관심의 중심이었고, 애지중지 자랐다. 그러다가 갑자기 둘째 아이가 나타났고, 형의 상황은 완전히 바뀌었다. 형은 모든 것이 자신에게 초점이 맞춰지던 시기를 경험했으며, 그때까지 그는 지배자처럼 군림했다.

그러다가 돌연 어머니의 관심이 둘째 아이로 쏠리고 있다. 아이들의 어머니는 더 이상 첫째 아이에게 예전만큼 많은 시간을 쏟지 못한다. 아이를 다른 아이의 출생에 대비해 준비시키는 것이 결코 쉬운 일이 아니기 때문에, 우리는 대부분의 예에서 나이가 많은 아이가 제대로 준비되지 않았다는 사실을 확인하게 된다. 큰 아이는 어려운 시험 기간을 직면한다. 많은 아이들이 부모의 총애를 받았던 유리한 위치를, 그러니까 이전의 상황을 다시 찾으려고 광적으로 노력하기 때문에 매우 강한 질투심을 극복하지 못한다.

둘째 아이는 절대로 혼자일 수 없는 상황을 직면한다. 아이는 지금 경주에서 자기보다 앞서 달리고 있는 선수를 두고 있다. 이 선수를 둘째 아이는 추격할 수 있으며 따라잡기를 원한다. 언젠가 어느 아이는 이렇게 말했다. "내가 형과 절대로 동갑이 될 수 없다는 사실이 너무나 슬퍼!" (에서와 야곱[6])

형은 동생의 출생으로 인해 비극을 겪었다. 만약 형이 지금 동생이 자기를 따라잡을까 두려워하며 희망을 잃고 있다는 소리가 들린다면, 우리는 그런 부정적인 감정이 그의 그릇된 라이프스타일에서 비롯된다는 것을 이해할 것이다. 아마 형의 영혼에는 "갑자기 아이가 하나 나타나서 나로부터 모든 것을 빼앗고 있어!"라는 글귀가 새겨져 있을 것이다.

이 두 아이들의 행동은 다음과 같은 요인들에 따라 다를 것이다. 형의 라이프스타일이 어느 정도 완전하며, 형의 라이프스타일을 변화시키기가 쉬운가, 아니면 어려운가? 둘째 아이가 어떻게 행동하는가? 부모들은

6 '성경'에 등장하는, 이삭과 리브가의 쌍둥이 형제로, 이들이 '장자권'을 놓고 벌이는 갈등은 유명하다.

어떻게 처신하는가? 부모들이 첫째 아이의 사회적 감정을 타인들에게로 확장시킴으로써 아이가 둘째를 맞을 준비를 갖추도록 했는가? 우리는 중요한 이 요인들을 모두 기억해야 한다.

이제 둘째 아이가 어떤 식으로 발달해 왔는지 듣도록 하자.

> 내가 볼 때, 형과 반대로, 동생은 학습에 게으르다.

동생은 꾸물대고 있다. 이 진술을 근거로, 우리는 소년이 앞으로 나아갈 자신감을 결여하고 있다고 추론할 수 있다. 아이는 용기를 잃었다. 유익한 방향으로 노력해 봐야 성공을 거두지 못할 것이라고 생각하면서, 아이는 무익한 활동을 통해 자존감을 확보하려고 노력한다. 학생의 게으름은 교사에게 큰 도전이 된다. 교사가 그 학생에게 전념해야 하기 때문이다. 둘째 아이는 자신이 추구하는 것을 특이한 방법으로 성취한다. 아이가 타인들의 관심을 자신에게로 더 많이 집중시키고, 타인들이 자기를 돕도록 하고 있는 것이다.

게으른 학습자가 되는 것은 문제를 다뤄야 하는 상황으로부터 거리를 두는 한 방법이다. 이것이 꾸물거림이다. 게으른 아이의 무의식적 라이프스타일은 그 아이에게 확신이 전혀 없다는 사실을 보여준다. 그런 아이들은 종종 "난 다른 아이들보다 절대로 더 멍청하지 않아. 단지 관심이 없을 뿐이야."라고 말한다. 만약 이 아이가 성공을 예상할 수 있다면, 아이는 절대로 게으르지 않을 것이다. 게으름은 낮은 자기 평가의 한 형태이다. 그러나 게으름조차도 자존감을 위한 분투를 드러낸다. 게으른 아이들은 종종 관심의 중심이 된다. 그런 아이들은 타인들이 자기를 대신해서 일을 하도록 한다. 타인들이 아이들에게 더 많은 시간을 쏟게 된다는 뜻이다.

그런 아이가 게으른 이유를 묻는 질문에 "아시는 바와 같이, 나는 학급에서 가장 게으른 소년임에도 불구하고 모든 학생이 나에게 관심을 주고 있으며, 나에게 언제나 다정하고 친절해요. 내 옆의 소년은 매우 성실하지만 아무도 그 아이에게 신경을 쓰지 않아요."라는 식으로 대답해도, 우리는 놀라지 않는다. 게으른 소년은 자신의 게으름의 편리함을 즐긴다. 그 아이는 자신의 돈에 대해서는 생각하지 않고 그저 부유하다는 생각만을 즐기는 부자와 비슷하다.

이 소년이 무엇인가를 성취할 때, 아이는 즉각 칭송을 듣는다. 소년이 무엇인가에 실패하면, 아이는 "네가 게으르지만 않으면, 너는 학급에서 일등을 할 수 있을 거야."라는 소리를 들을 것이다. 게으른 아이는 자신이 최고가 '될 수 있다'고 느끼는 것으로 만족할 수 있다. 그는 자신을 시험하기를 원하지 않는다. 이것은 또 다시 쓸모없는 방법으로 우위에 선다는 신호이다.

훈계는 친절한 것이든 엄격한 것이든 지금까지 성공을 거두지 못했다.

소년은 자신의 내면에서 벌어지고 있는 일에 대해 모르고 있다. 왜냐하면 아이가 자신의 라이프스타일에 맞춰 행동하고 있기 때문이다. 그는 마치 덫에 갇혀 있는 것처럼 행동하고 있다. 아이가 스스로 꾸지람을 듣는 것을 허용하는 것은 아이가 정말로 관심의 중심에 서기를 원한다는 뜻이다. 일부 아이들은 심지어 엉덩이를 찰싹 맞는 것까지 좋아한다. 아버지를 화나게 해서 얻어맞는 것이 엉뚱하게 아이를 의기양양하게 만드는 것이다. 일부 아이들은 두들겨 맞는 행위에서 쾌락과 즐거움을 발견하고, 가끔은 성적인 경험까지 한다(루소).

> 아이는 언제나 더 성실하게 노력할 것이라고 약속한다.

이 대목에서 우리는 "할 것"이라는 약속을 보고 있다.

> … 그러나 아이는 그 약속과 관련해서 아무것도 지키지 않는다. 아이는 숙제를 할 때 온갖 다른 것에 주의를 빼앗긴다.

아이는 숙제를 열심히 함으로써 자존감을 확보할 수 있다는 사실을 믿지 않는다. 그는 다른 방법들을 알고 있다.

> 숙제를 제외한 모든 것이 그의 관심을 끈다. 아이가 조금 더 쉽게 배울 수 있도록 하기 위해, 나는 아이에게 매일 저녁에 학교에서 배운 것을 보고하라고 일렀다.

아이는 다시 관심을 끌 수 있었다. 밤에도 아이는 보다 높은 권력자인 아버지와 대화할 수 있다.

> 내가 밤에 집에 돌아오면, 아이는 약속과 달리 나에게 보고하지 않는다.

아이의 아버지는 아이에게 약속을 상기시켜야 한다.

> 내가 직접 물은 뒤에야, 아이는 대답한다. 아이에게 "넌 왜 공부하기를 싫어하니?"라고 물으면, 아이는 "모르겠어요."라고 대답한다.

우리는 그 대답을 알고 있다. 아이는 그 길로는 자존감을 얻지 못한다고 믿고 있다. 우리는 아이를 격려하고 아이에게 숙제를 하는 것으로도 관심을 끌 수 있다는 것을 보여줘야 한다. 아울러 아이에게 옳은 길을 발견해야 한다는 점을 알려줘야 한다.

> 언어와 수학, 글쓰기가 아이에게 가장 어려우며, 아이는 그 과목들을 가장 싫어한다.

아마 왼손잡이가 아이의 열등감을 심각하게 키우고 있을지도 모른다. 왼손잡이의 경우에 글을 쓰는 것이 어려운 일이 되기 때문이다. 이 같은 사실을 발견하는 것이 중요하다. 수학에 힘들어 하는 아이들은 보통 애지중지 응석받이로 자랐으며 후원자를 찾는다. 모든 과목이 답을 쉽게 찾는 방법을 허용하지만, 수학은 절대로 그렇지 않다. 수학은 독립적인 공부와 독립적인 사고를 요구한다. 애지중지 자란 아이들은 대부분 수학을 배울 준비가 되어 있지 않다는 사실을 드러낸다.

> 아이는 이 과목들을 공부해야 하는 때에 망설이는 모습을 보임으로써 그 과목들을 많이 싫어한다는 사실을 드러내고 있다. 아이는 과학에 더

많은 관심을 보이는 것 같다. 아이는 또한 그림을 그릴 수 있기를 바란다. 그러나 아이는 재능이 없는 탓에 그림을 어설프게 그릴 뿐이다.

아이는 아마 왼손잡이일 것이다.

아이는 몇 시간이고 앉아 있거나 누워서 허공을 응시할 수 있다.

자존감이 낮은 아이들의 최대의 적은 시간이다. 이 소년은 허공을 응시하면서 시간을 보내는 방법을 발견했다.

아이가 많은 책을 읽어야 하고, 이미 일부 책을 읽기 시작했음에도 불구하고, 그 책들 중 어느 것도 마무리짓지 못했다.

아이는 인내심도 없고 지구력도 없다. 만약 아이가 책을 읽는다면, 아무도 그에게 관심을 기울이지 않게 될 것이고, 아이는 타인들로부터 아무것도 기대할 수 없을 것이다.

아이는 눈에 보이지 않는 장난감을 줄기차게 찾다가도 찾고 나면 금방 관심이 시들해지고 지겨워하며 그것을 포기한다.

두 아이가 살고 있는 이런 사회적 상황은 비록 어느 소년도 굶주리게 하지는 않을지라도 최선의 상황은 아니다.

이 아이들의 삶에서 가장 슬픈 부분은 아마도 그들이 낮 시간을 아동 보호 센터에서 보낸다는 사실일 것이다.

이것은 위험한 추측이다. 우리는 여기서 올바른 관점이 채택되기를 바란다. 소년에게 용기를 불어넣을 수 있는 관점이어야 한다.

센터의 최고 책임자가 나의 큰아이를 싫어한다. 이유는 그 여자 책임자가 종교적이기 때문이다. 우리는 어떤 종교도 갖고 있지 않다. 그녀는 큰아이가 비종교적인 양육의 결과로 거짓말을 하고, 기만적이고, 겁쟁이가 되었다고 말한다.

이 특징들은 틀림없이 희망이 없다고 느끼는 아이의 감정을 그대로 반영하고 있다. 나는 종교적인 기관에 다니고 있는 비종교적인 이 소년은 오직 격려를 통해서만 도움을 받을 수 있다는 사실을 고백해야 한다. 센터의 최고 책임자가 소년이 비종교적인 가정에서 성장했기 때문에 이런 식으로 컸다고 말할 때, 그 여자 책임자는 자신이 무능하여 아이의 가슴에 닿지 못하고 있다는 사실을 드러내고 있을 뿐이다.

아버지는 이렇게 말한다.

솔직히 말해, 나는 아이에게서 불쾌한 이 모든 특성들을 관찰했다. 작은 아들은 그런 특성을 하나도 보이지 않으며, 모두가 그에 대해 사랑과 칭찬을 아끼지 않는 한편, 큰아들에 대해서는 나쁘게 말한다.

"한편"이라는 단어가 사용되고 있다는 사실은 동생이 이 소년을 뒤쪽으로 밀어 넣었다는 사실을 보여주고 있다. 형이 나쁜 것들로 관심을 돌리고 있는 반면에 동생은 선한 것들로 관심을 돌리고 있는 것이 그저 우연이기만 할까? 절대로 그렇지 않다. 형은 자신이 동생에 의해서 유쾌한 상황에서 강제로 밀려났다고 믿고 있다. 형은 우정과 사랑을 잃을수록 의지도 그만큼 더 약해진다. 지금 승자의 입장에 서 있는 둘째 아이는 자신의 상황에서 편안함을 느끼고 있으며 나쁜 행동으로 주변 사람들의 관심을 끌 필요성을 전혀 느끼지 않는다.

사례 #3

나의 관찰을 바탕으로 벨라 K라는 학생에 관한 그림을 그리면 다음과 같다. 처음에 이 학생은 학교에서 쉬는 시간에 종종 곤경에 처했다. 대체로, 아이는 꿈을 꾸는 것처럼 주위를 돌아다니곤 했다. 그러면 동료 학생들이 그를 놀리기 마련이며, 그 상황은 언쟁이나 몸싸움으로 끝났다.

이 관찰이 정확하고 아이가 꿈속에서 길을 잃은 것처럼 돌아다닌다면, 그 같은 사실은 아이가 학업에 참여하지 않고 있다는 것을, 또 학교가 아이에게 낯선 곳이라는 것을 의미한다. 아이의 태도는 아이가 다른 것에 대해 생각하고 있고, 학교에서 편안함을 느끼지 못한다는 사실을 보여주고 있다.

아이들은 공동체 의식이 없어서 함께 어울려 놀지 않는 아이에게 대체로 짜증을 낸다는 사실을 우리는 잊지 않아야 한다. 아이들은 그런 아이를 놀리고, 집적거리고, 못살게 굴고, 괴롭힐 대상으로 고른다. 이런 유형의 행동은 종종 지나치게 심해지며, 개인 심리학의 믿음과 일치하지 않으며, 잘못되었다. 그런 행동은 아이들이 하나의 사회적 집단에 어떤 게임의 원칙이 있다는 것을 알리기를 원한다는 사실을 보여준다. 그럼에도 아이들은 그 같은 사실에 대해 깊이 생각하지 않는다.

이 소년은 사회적 역할을 수행하지 않는 탓에 눈에 띄게 된다. 응석받이로 큰 아이는 동료 학생들에게 환영받지 못한다. 끊임없이 집적거림을 당하는 그런 아이들은 유치하고 의존적인 아이로 여겨진다. 학교에서 이미 아이들의 내면에 있는 그 무엇이 사회적인 태도를, 연합의 감정을 요구하고 있다.

결코 무시할 수 없는 이 절대적인 힘이 사회적 감정을 불러일으키며 모든 사람들을 통합시킨다. 이 힘은 사회적 감정이 모든 개인의 안에도 존재할 뿐만 아니라, 사회적 감정을 개인보다 더 강하게 촉진시키는 집단 안에도 마찬가지로 존재한다는 것을 암시한다. 이 같은 군중 심리적인 현상 속에서, 만약 그 집단이 무엇인가에 의해 움직이고 있고, 거기에 그 무엇인가를 하려는 욕망이나 충동이 있다면, 그 힘은 모든 사람들을 한쪽 방향으로 이끌게 된다. 종종 이 움직임은 개인의 이성에 반하는 방향으로 일어난다. 그러면 개인의 이성은 억눌린 것처럼 보이고, 집단 속에서 그 개인은 혼자 있을 때와는 크게 다르게 행동할 것이다.

학교 안에서, 우리는 종종 어떤 집단이 스스로를 단호하게 내세울 때 벌어지는 일을 목격한다. 그런 경우에 학급 안에서 우리가 사회에 요구하는 것과 언제나 일치하지는 않는 상황이 벌어진다. 그러면 학급 전체가 단결하면서, 온갖 종류의 위반을 자행하는 그런 사회적 질서를 구축할 수 있다. 우리는 학급 안에서 사회적 감정에 반하는 아이가 다른 아이들의 눈총을 받는 이유를 충분히 이해할 수 있다. 다른 아이를 고자질하는 아이도 똑같이 눈총을 받는다.

아이들은 교사에게 도움을 줘야 한다는 의무 같은 것에 대해 절대로 말하지 않지만, 그래도 모두가 그런 의무를 느끼고 있다. 그것을 의무로 받아들이지 않는 아이들은 종종 경멸을 당하고, 집단에서 배제된다. 이 같은 역학은 제대로 적응하지 못하고 꿈을 꾸는 것처럼 돌아다니는 이 소년의 태도를 이해하는 데 큰 도움을 준다.

우리는 또한 다른 결론을 끌어낼 수도 있다.

1) 학교생활에 제대로 적응하지 못하는 아이는 사회적 감정을 결여하고 있으며, 타인들에 대한 관심이 전혀 없다. 사회적 관심의 결여라는 가정을 입증하기 위해서, 우리는 그 아이가 응석받이로 자란 탓에 편안과 따스함과 사랑을 느낄 안락한 상황을 찾는지 여부를 꼭 확인해야 한다.

2) 소년이 소란을 피우는 것은 그가 용기를 완전히 잃지는 않았다는 사실을 증명한다. 일반적으로, 싸움은 주위 사람들의 눈살을 찌푸리게 하지만, 우리에게 그것은 좋은 신호이며, 꿈을 꾸는 것 같은 아이의 상태 못지않게 관찰할 가치를 지닌다. 싸움은 그가 의지를 잃지 않았다는 사실을 보여준다.

> 지난 몇 개월 사이에, 그런 사건이 줄어들었다.

이 같은 사실은 아이가 주변 상황에 맞추기 시작했다는 뜻이며, 이를 근거로, 우리는 아이가 적응할 수 있다고 결론 내릴 수 있다. 그러나 아이에게 적응은 어려운 일이며 시간이 필요한 일이다.

> 이 학생은 급우들로부터 꽤 소외되어 있다.

이것은 우리에게 뉴스가 아니다. 우리도 똑같은 결론을 내렸을 것이다.

> 나의 학급 중에서, 이 아이가 나의 설명에 집중하지 않는다는 사실이 특별히 두드러진다.

우리는 소년의 한결같은 라이프스타일을 이미 확인했다. 그렇기 때문에, 아이가 집중력을 보이지 않아도 우리는 더 이상 놀라지 않으며 아이에게서 그런 현상을 예상한다. 아이가 학업에 참여하지 않고 있기 때문에, 우리는 아이가 집중할 것이라고 기대하지 못한다. 아이는 오직 어떻게 하면 현실로부터 도피할 수 있을까 하는 생각에만 골몰하고 있다. 망상에 빠진 아이를 아무도 건드리지 않는다면, 틀림없이 그 아이는 그 외에 다른 일에는 집중하지 않을 것이다.

> 내가 아이의 버릇을 고치려고 노력하고 있음에도 불구하고, 아이는 종종 손톱을 물어뜯는다. 그 행위에는 아이가 깊이 몰두하는 것 같다.

손톱을 물어뜯는 행위는 반항을 보여준다. 아이가 반항적이라고 믿는 것이 타당하다면, 그 행위는 아이가 용기를 완전히 잃지는 않았다는 것을 암시한다. 아이는 여전히 싸움을 벌일 수 있으며, 손톱을 물어뜯음으로써 반항을 보여줄 수 있다. 여기서 나는 음식을 게걸스레 먹는 행위뿐만 아니라 손톱을 물어뜯거나 코를 후비는 행위도 반항을 암시한다는 점을 강조하고 싶다. 이런 추정은 초심자에게 다소 과감해 보일 수 있다. 손톱을 물어뜯는 습관을 가진 아이들은 모두 그런 행위를 하지 말라는 잔소리에 시달린다. 지속적인 훈계에도 불구하고 아이들이 그 버릇을 계속 보인다면, 그런 아이들이 반항적이라는 결론은 전적으로 합당하다. 그런 아이들은 협력하는 능력이 떨어질 수 있다. 이 소년은 다른 아이들과 어울려 놀지 않으며, 자신이 속한 사회의 문화를 받아들이는 일에도 전혀 관심이 없다. 이 소년과, 삶과 사회의 요구 사항 사이에 엄청난 괴리가 관찰될지라도, 우리는 손톱을 물어뜯는 버릇을 비교적 좋은 신호로 받아들인다. 아이가 반항적이고, 완전히 낙담하지는 않았기 때문이다.

> 손톱을 물어뜯지 않는 경우에, 아이는 닥치는 대로 아무거나 갖고 논다.

이 진술도 우리에게는 완벽하게 이해된다. 왜냐하면 그것이 소년과 학업 사이의 거리를 보여주기 때문이다. 소년은 학교가 요구하는 것에 몰두하지 않고, 그 외의 다른 온갖 것을 갖고 논다.

> 이따금 아이는 초등학교 때부터 알았던 급우들과 잡담을 하지만, 다른 급우들과는 잡담하지 않는다.

여기서 다시, 우리는 아이가 새로운 상황에 적응하며 겪는 문제를 본다. 시간이 충분히 주어진다면, 아이가 어느 정도 성공을 거둘 수도 있겠지만, 그에게 즉시적으로 무엇인가를 할 것으로 기대하는 상황이라면, 아이는 그런 일을 할 준비가 되어 있지 않다.

우리는 아이의 잡담을 호의적인 눈으로 본다. 분명히 말하지만, 우리는 일반적으로 필요한 것으로 여겨지는 학교 규율에 간혹 동의하지 않는다. 그러나 우리는 우리의 관점을 고수하는 것이 정당하다고 느낀다. 학교 규율은 개인이 어떤 식으로 움직이는지를 전혀 이해하지 않지만, 개인 심리학은 잘 이해한다. 개인 심리학은 싸움과 손톱 물어뜯는 행위를 좋은 신호로 받아들이며, 아이의 잡담도 마찬가지로 좋은 신호로 여긴다.

> 무언가를 적어 달라는 요구를 받을 때, 아이는 마치 지시 사항을 이해하지 못하는 듯이 저기 가서 앉는다.

이 같은 사실은 우리를 놀라게 하지 않는다. 아이가 듣고 있지 않으니 말이다. 듣기는 바라보기와 마찬가지로 연결의 한 방법이다. 아이는 참여하기를 원하지 않는다. 학교에서 일어나는 일에 관심을 가질 수 없다. 아이는 준비가 더 잘 되어 있는 어떤 안락한 상황을 찾고 있다. 아이는 또한 가치 있는 삶과 자신의 미래와도 거리를 두고 있다.

> 그러나 나의 관찰에 근거하면, 아이가 의식적으로 저항하고 있다고 단정하지 못한다.

우리도 마찬가지로 아이가 의식적으로 저항하고 있다고 단정하지 않는다. 그러나 아이는 팀 플레이어가 되도록 격려를 받지 못하고 있다. 우리는 그 상황을 변화시켜야 하며, 단순히 그의 천성의 자취를 처벌하려 들어서는 안 된다.

> 부모의 노력 때문에, 아이는 교과서나 숙제를 좀처럼 잊지 않는다.
> 아이의 객관적인 반응을 근거로, 나는 아이가 자신의 학년이 요구하는 것을 충족시킬 수 있는 정신적 능력과 이해력, 상상력을 충분히 갖췄다고 쉽게 짐작할 수 있다.

우리도 마찬가지로 아이가 자신의 라이프스타일을 바탕으로 똑똑하게 행동하고 있다는 점을 인정한다. 아이는 준비가 되어 있지 않은 무엇인가가 예상되는 상황에서, 그는 그것을 해내지 못한다. 그 같은 사실은 절대로 그의 지능을 의심할 근거가 되지 못한다.

> 나의 판단은 아이가 독일어로 쓴 에세이에 의해 뒷받침되고 있다. 철자법을 제외하면, 아이의 에세이는 언제나 평균 수준이다.

우리도 그 판단이 정당하다고 생각한다. 그가 혼자서 무엇인가를 하는 상황이라면, 그는 그 주제에 깊이 빠질 수 있기 때문에 그것을 성공적으로 해낼 수 있다. 그런 경우에 그는 자신을 애지중지 키우던 가정에서 응석받이 아이로서 하던 행동과 조금도 다르지 않게 행동할 것이다. 그런 분위기의 가정에서 그는 옛날에 다양한 주제에 대해 말할 수 있었고, 자신의 주장을 강력히 펼 수 있었으며, 또 호의적인 환경에서 환영을 받았고, 자신을 효과적으로 표현하는 데 익숙했다. 집에서 일찍부터 자신의 생각을 표현하고 자신의 주장을 펼 준비를 갖추지 않은 아이들은 당연히 에세이를 쓰며 제한적인 능력을 드러내지 않을 수 없다. 그런 아이들은 이 소년이 했던 방식으로 준비를 하지 않았다. 이 소년은 아마 집에서 에세이 쓰는 연습을 하지 않았지만 자신만의 방식으로 나름대로 준비를 했다. 그는 집에서 서로 연결되는 이야기들을 들려주며 말하는 것을 연습했다. 학교 활동을 위해 그런 식으로 준비하는 것은 개인 심리학에서 대단히 중요한 요소이다.

우리는 어떤 종류의 훈련이 학교에서 아이의 성공을 보장하는지를 아직 알지 못한다는 사실을 진정으로 고백해야 한다. 어쩌면 그런 훈련은 아이가 관심을 보이긴 했지만 삶에서 성공을 성취하는 데에 필요한 연습으로 인식되지 않았던 무엇인가에 담겨 있었을 수 있다. 응석받이로 자란 아이들이 어떤 식으로 훈련을 받는지에 대해 생각해 본다면, 우리는 그 아이의 최종적 고립 또는 타인들을 향한 적대감이, 그리고 그 결과로서 아이가 친구를 사귀지 못하고 사회화되지 못하고 사회적 감정을 키우지 못하게 된 것이 그런 훈련 때문이라는 식으로 쉽게 설명하지 못한다. 이 측면에서, 삶에서 실패하는 사람들이 어떤 식으로 준비했는가 하는 문제뿐만 아니라, 유능한 아이들과 어른들은 어떤 식으로 성장했는가 하는 문제까지 확실히 파악하기 위해서는 추가적인 연구가 엄청나게 많이 필요하다.

우리는 아이들을 훈련시키는 일에 무수히 많은 방법들을 이용하고 있으며, 시간이 조금만 지나면 어느 누구도 무엇이 한 사람을 성공적으로 성숙시켰는지에 대해 알지 못하게 된다. 바로 여기에 재능을 미리 판단하려는 노력의 출발점이 있다. 훈련이 더 잘 된 모든 아이들은 당연히 미리 형성된 생각들 때문에 재능이 있는 것으로 여겨질 수 있다. 한편, 훈련을 거의 받지 않았거나 전혀 받지 않은 아이들은 똑같은 이유로 재능이 없는 것으로 여겨질 수 있다.

> 그런데, 아이의 철자 능력은 입학시험을 치른 이후로 학년도가 시작할 때까지 크게 향상되었다.

철자법은 아직 우리가 제대로 알지 못하고 있는 어떤 능력이다. 일부 아이들이 어떤 때는 철자법이 형편없고 또 어떤 때는 철자법을 꽤 잘 알게 되는 이유를 개인 심리학은 정확히 모른다. 다른 이유들과 별도로 개인 심리학은 한 가지 측면만은 정확히 강조했다. 상황이 아이가 시각 유형이냐 청각 유형이냐에 따라 아이에게 다르게 영향을 미친다는 점이 그것이다. 시각 유형의 아이는 눈으로 본 것을 더 잘 기억하고, 그런 것에 관심을 더 많이 가질 수 있다. 청각 유형의 아이는 단어들을 소리로 들을 때 철자를 더 잘 적는다.

> 라틴어 수업 시간에, 소년은 어느 날엔 완전히 이해하고 있다는 사실을 보여주는 대답을 제시했다가도 그 다음 날엔 똑같은 질문에 대답을 하지 못한다.

이 같은 변화는 아이가 수업에 참여하지 않고 있다는 것을 암시한다. 아마 어떤 날에는 아이가 학교에서 좋은 기분을 느낄 수도 있었다. 또 질문 자체가 어떤 날에는 그에게 다정한 어투로 제시되었고 또 어떤 날에는 퉁명스럽게 제시되었을 수도 있다. 소년이 어떤 날에는 우울한 기분을 느꼈고, 또 어떤 날에는 우울한 기분을 느끼지 않았을 수도 있다. 그런 차이는 많은 것을 설명할 것이며, 따라서 깊이 조사되어야 한다.

> 소년은 종종 그와 나 사이에, 그리고 그와 급우들 사이에 지적으로 서로 소통하는 것이 불가능하다는 인상을 준다.

그런 인상은 전적으로 정확하다. 그것은 아이가 그런 상호 작용 또는 협력에 필요한 준비를 갖추고 있지 않다는 사실을 보여준다.

> 아이의 최근 실패들이 아이를 크게 낙담시키고 있으며, 아이는 실패를 알게 될 때 심하게 운다.

소년의 우는 행위는 두 가지 관점에서 이해될 수 있다. 1) 아이의 울음은 마치 덫에 갇힌 것처럼 느끼고 있는 감정의 결과이다. 주변 사람들로부터 친절하고 따스하고 관대하게 다뤄지기를 바라는 아이로서, 소년은 형편없는 성적뿐만 아니라 이 실패들과 그에 따른 처벌까지도 다른 소년들보다 훨씬 더 깊이 느낀다. 2) 틀림없이 이 소년은 우는 것을 훈련했다. 왜냐하면 우는 행위가 인상을 남기는 좋은 방법으로 통하는 환경에서 자랐기 때문이다. 울음은 아이에게 타인의 마음을 누그러뜨리는 무기가 되어 주었다. 눈물 앞에서 모두가 마음이 약해지니까!

> 아이가 말을 더듬는 모습은 당연히 성가시며, 해가 갈수록 상태가 심해지고 있다.

아이가 상호 작용을 피하기 위해 눈과 귀뿐만 아니라 말까지 이용하고 있다는 사실을 지금 우리는 알게 되었다. 말을 더듬는 것은 아이가 자신을 향한 모든 접근을 거부한다는 것을 의미한다. 아이가 상호 접촉에 적절하지 않은 라이프스타일을 갖고 있기 때문이다. 우리는 소년의 모든 징후들을 말더듬이의 한 비유로 볼 수 있다. 소년은 타인들과 교류해야 하거나, 철자를 적어야 하거나, 라틴어 숙제를 해야 할 때 말을 더듬는다. 이 모든 징후들이 말더듬이로 모아지고 있다. 우리는 아이의 말더듬이가 지난해에 두드러지게 악화되었다는 사실에 우려를 표한다. 그 같은 사실은 아이가 학교에서 인간관계를 강화하는 데에 실패했을 뿐만 아니라 실제로 학교에서 인간관계를 약화시켰고 과제를 더욱 멀리하기를 원한다는 것을 보여준다. 그 같은 사실은 또한 학교에서 이용되는 방법이, 의식적으로 적용되는 것이든 무의식적으로 적용되는 것이든, 잘못되었다는 점을 보여주고 있다.

교사가 이 모든 것이 어떻게 시작되었는지에 대해, 그리고 자신이 소년을 어떻게 도울 수 있을 것인지에 대해 어느 정도 의심하고 있는지는 그의 마지막 진술에서 드러난다.

> 소년은 9월 이후로 많이 성장했지만, 동시에 매우 야위어졌다.

이 논평은 교사가 이 대목에서 육체적인 설명이 가능할 수도 있다고 믿는다는 점을 암시한다. 당연히, 개인 심리학은 그런 판단을 거부해야 한다. 이 예를 명확하게 보도록 하자. 이 소년은 교사와 급우, 학업을 대하는 자신의 행동이 그릇되었다는 사실을 알아야 한다. 자신의 행동을 그릇된 것으로 보지 않는 한, 소년은 언제나 "사람들이 나에게 요구하는 것은 전부 너무 힘들어!"라고 느낄 것이다. 소년이 다른 아이들이 할 수 있는 것을 자신은 하지 못한다고 생각하는 태도는 소년의 발달에 큰 피해를 안길 수 있다. 소년은 성적 우수자가 되지 못한다. 왜냐하면 소년이 타인들과 상호 소통하는 방법을 이해하지 못하고, 사회화를 실천하지 않고, 참여하지 않고 있기 때문이다.

그 같은 계몽은 가장 먼저 그의 태도를 변화시킬 것이다. 아이에게 학교에서 진척을 이루는 것은 오직 그가 교사들과 급우들과 학교와 연결될 때에만 가능하다는 점을 보여줘야 한다. 또 소년에게 이 모든 것을 자신의 일이 아닌 것처럼 여기기를 그만둘 때에만 학교에서 발전을 이룰 수 있다는 점도 보여줘야 한다. 또 친구들을 사귀는 것이 소년 자신에게 유리하게 작용한다는 것을 보여줘야 한다. 교사를 격려하는 것도 그 상황에 크게 이롭게 작용할 것이다.

이 보고가 대답하지 않은 질문은 이것이다. 이 소년은 어쩌다가 그런 길로 들어서게 되었는가? 나의 경험을 근거로, 우리는 그가 응석받이로 큰 아이였다는 것을, 그리고 내가 그의 어머니와의 대화를 통해 확인했듯이, 아이가 외동이라는 것을 안다. 외동들은 응석받이로 클 확률이 높으며, 그런 아이들은 애지중지 자란 탓에 타인들과 접촉하는 데에 무능한 모습을 보이고, 모든 상황을 불편하고 힘든 것으로 여긴다. 그런 아이들은 자신의 경험의 틀을 벗어나는 모든 상황을 위험한 것으로 여긴다.

안락한 분위기에서 벗어나는 것이 그 아이들에게는 그들의 머리 위 높은 곳에 다모클레스의 칼[7]을 매다는 상황과 비슷한 것으로 다가온다. 그런 아이들이 어려운 상황에 봉착하는 경우에 앞으로 나아가지 못하는 이유를 우리는 쉽게 이해할 수 있다.

말더듬이는 아이들이 버릇없이 자란 탓에 준비가 되어 있지 않은 상황에서 흔히 나타나는 현상이다. 나는 말을 더듬는 아이들 중에서 적어도 어린 시절 초기에라도 애지중지 자라지 않은 아이를 한 번도 만나지 못했다. 이 경험들은 적절히 이해되지 않고 있으며, 중요성에 비해 과소평가되었다. 예를 들면, 우리는 넘어진 뒤에 말을 더듬기 시작한 아이에 관한 이야기를 듣는다. 넘어진 것이 말더듬이의 원인으로 제시되고 있는 것이다. 그런 사실 앞에서, 우리는 그저 웃을 뿐이다. 말더듬이가 신경계의 불완전한 발달의 결과로 여겨지고 있으니 말이다.

그러나 응석받이로 큰 탓에 넘어지는 것과 같은 사고에, 또 삶의 문제에 제대로 준비가 되어 있지 않은 아이가 넘어질 경우에, 그 아이는 그 사고에 대해 불안해 하기 마련이다. 이 같은 사실을 고려한다면, 우리는 아이가 넘어진 일에 어떻게 다른 아이들과 다르게 반응하는지를 이해할 수 있다. 우리는 또한 산타클로스를 보자마자 너무나 놀란 나머지 그 후로 말을 더듬기 시작한 어린이들에 관한 이야기를 듣는다. 혹은 말더듬이 아이들 중에 보모를 받아들이길 원하지 않아 심지어 보모에게 손

7 권좌 위 높은 곳에 한 가닥의 말총에 매달린 칼을 뜻한다. 권력의 자리는 언제나 위험하다는 뜻을 내포하고 있다. B.C, 4세기에 다모클레스(Damocles)는 이탈리아 남부 시칠리아 섬의 시라쿠사를 통치하던 디오니시오스(Dionysius) 왕의 권력을 부러워했다. 그러자 디오니시오스 왕이 그에게 권좌에 앉아 보라고 권했다. 다모클레스가 왕좌에 앉자, 디오니시오스 왕은 다모클레스에게 천장을 올려다 보라고 했다. 거기에 칼이 한 올의 말총에 매달려 있었다.

바닥으로 맞은 예도 있다. 일부 아이들에게 적절할 수 있는 이 사건은 이 아이에게는 적절해 보이지 않았으며, 그때부터 아이는 말을 더듬기 시작했다.

말더듬이의 원인은 절대로 신체 기관이 아니다. 말을 더듬는 사람이 혼자 있을 때는 혼잣말을 큰소리로 하고, 대부분의 시간 동안 더듬지 않는다는 사실을 통해서 그 점은 이미 확인되었다. 말을 더듬는 사람은 다른 사람이 현장에 나타날 때에만 더듬기 시작한다. 그는 마치 자신에게 문제와 위험을 안기는 적대적인 사람에게 둘러싸인 상황에 처한 사람처럼 살고 있다. 우리가 아는 바와 같이, 이런 것들은 응석받이 아이들의 두드러진 특징이다.

사례 #4

로테는 아홉 살 반이다. 소녀는 피로와 두통, 심장 문제로 힘들어 한다.

임상 조사 결과, 소녀의 신체 기관은 정상이고, 소녀의 징후들은 단지 "신경과민"에서 비롯되었다는 것이 확인되었다. 이 말은 그 현상이 "단지" 신경성일 뿐이라는 것을 표현하는 일반적인 방법이다. 환자들은 이 "단지"라는 표현에 매우 불쾌하게 생각한다. 이 보고를 정확한 것으로 받아들인다면, 우리는 로테의 상태가 그녀가 극복하지 못하는 내면의 긴장의 결과라고 단정해야 한다. 이 긴장이 소녀가 절망의 상태에 빠지도록 한다. 어떤 사람이 자신은 목표를 이룰 수 없다고 믿는 한, 그런 긴장과 피로는 일어나지 않을 것이다.

> 아이를 키우고 있는 할머니는 아이의 불평에 관심을 거의 주지 말라는 식의 조언을 듣고 있다.

이런 조언은 일부 예에서 효과를 발휘할 수 있지만, 다른 예들에서는 그렇지 않을 수 있다. 그것은 일부 의사가 생각하는 것과 달리 만능통치약이 절대로 아니다. 어떤 경우에도 그 조언은 아이의 상황을 변화시키지 못한다. 다른 상황이 벌어질 수 있으며, 그러면 라이프스타일을 갖고 있는 소녀는 그 상황에 따라 다른 입장을 취할 것이다. 따라서 그 조언은 아이의 인격에 전혀 아무런 변화를 초래하지 않는다.

> 할머니는 그 조언을 따르는 것처럼 보이지만, 소녀는 피로 때문에 종종 학교를 며칠씩 빼먹는다.

어쨌든, 아이는 어느 정도 보상을 받고 있다. 긴장을 겪는 결과, 소녀는 평소 힘들어하던 등교라는 한 가지 부담으로부터 놓여나고 있다. 우리는 소녀가 학교를 싫어한다고 단정하지 못한다. 그보다는 소녀가 학교와 특별히 무엇인가를 연결시키고 있는 것 같다. 만약 우리가 로테가 학교 때문에 긴장한다는 것을 발견하게 된다면, 그녀는 그쪽 방향으로 구원을 발견하길 원했을 것이다. 우리는 소녀가 학교에서 절망감을 느끼고 있지는 않다고, 또 그녀가 학교에서 분투하고 있지만 확신을 갖지 못하고 있다고 단정해야 한다. 소녀는 의욕적이지만, 야심찬 자신의 목표를 성취할 수 있다는 확신을 품지 못하고 있다. 다음 진술에서 그 같은 사실이 증명된다.

> 로테는 학교를 좋아하고 공부도 필요 이상으로 열심히 한다.

로테가 공부를 해야 하는 그 이상으로 열심히 한다는 사실은 그녀가 태도에서 어떤 불안을 표현하고 있다는 우리의 이론을 충분히 뒷받침한다. 소녀는 자신이 탁월해야만 이룰 수 있는 중요한 무엇인가를 성취하기를 원한다.

> 그녀는 어느 교사를 기쁘게 해 주려고 노력하고 있다.

우리는 지금 우리의 시야를 확장할 수 있다. 이 아이가 누군가에게 끌리거나, 누군가로부터 다정한 반응을 끌어낼 수 있을 때, 그녀는 쉽게 탁월한 모습을 보이며 그 사람에게 좋은 인상을 남긴다. 그것은 인간 본성에 반하지 않는다. 그녀가 좋은 인상을 심어주려고 노심초사하며 노력하는 것이 그녀를 지치도록 만든다. 그녀의 피로는 가슴 떨림과 전반적인 피로 같은 다양한 육체적 징후를 낳을 수 있다.

그녀의 두통은 아직 설명될 수 없다. 우리는 그런 경우에 두통이 일어날 수 있다는 사실을 알고 있다. 그러나 우리는 과도한 어떤 야망의 결과를 강조하길 원할 뿐만 아니라, 긴장이 어떻게 두통으로 이어지는지를 알기를 원한다. 많은 사람들이 화가 날 때 두통을 느낀다는 사실을 기억할 때, 우리는 아마 더 많은 통찰을 얻을 수 있을 것이다.

우리는 또한 화가 혈액 순환과 혈액의 구성 자체에 영향을 끼친다는 사실을 알고 있다. 이런 상태는 많은 사람들에게서 외적으로 관찰된다. 예를 들면, 얼굴이 창백해지거나 혈관이 두드러지게 드러나는 현상이 있다. 이 같은 연결을 바탕으로, 우리는 혈액 순환에 일어나는 그런 장애가 뇌에도 영향을 미친다고 단정할 수 있다. 혈액 순환 상의 문제로 인해 뇌에 어떤 자극이 일어나고, 이 자극이 아마 두통을 야기할 것이다. 가슴 떨림으로 나타나는 심장의 문제들은 사람의 기분과 긴장이 혈액 순환에 어떤 식으로 영향을 끼치는지를 보여준다. 아마 이 아이가 불안을 느낄 때, 소녀는 화에 의해 일어나는 것과 비슷한 징후들로 힘들어할 것이다.

> 최근에, 소녀는 나이가 한 살 반 더 많은 오빠와 부모와 할머니를 지배하기 위해 너무도 사소한 사건을 빌미로 울음보를 터뜨렸다.

소녀는 자기 가족 안에서 눈물이 성공에 아주 중요한 수단이라고 믿고 있다. 그녀는 눈물로 자신의 목표를 성취하려고 노력하고 쓸모없는 길로 자존감을 얻으려고 노력한다. 그녀는 가치 있는 일을 전혀 하지 않는 상태에서 우월감을 느끼려고 애쓴다.

> 소녀는 혼자 있는 것을 싫어한다.

소녀는 틀림없이 응석받이로 자란 아이이다. 소녀의 할머니가 아이를 돌보고 있다는 사실로도 충분히 짐작할 수 있는 문제이다. 소녀가 할머니와 함께 지내고 있다는 사실을 알았을 때, 우리는 이미 어떤 결론에 도달했다. 소녀의 눈물은 그 이상을 의미한다. 왜냐하면 홀로 있지 않으려고 하는 것이 그런 뜻만을 말하는 것이 아니기 때문이다. 이 눈물은 우리가 앞에서 들었던 그 긴장과 관계있음에 분명하다. 소녀의 울음은 두려운 상황에서 터질 것이며, 그 같은 사실은 그녀가 불안을 느끼고 있다는 점을 추가로 뒷받침하는 증거이다. 소녀는 누군가가 자신을 위해 옆에 있을 때에만 자존감을 느낀다.

> 소녀가 신문에서 살인 관련 기사를 읽으며 너무나 기분이 나빠져 있었기 때문에, 소녀의 할머니는 밤에 감히 소녀를 혼자 남겨둘 수 없었다.

이런 두려움은 어린이들과 성인들에게 특별하지 않다. 사람들은 혼자 있지 않을 구실을 제시하기 위해 비극들을 일벌레처럼 열심히 수집한다. 살인에 관한 이야기를 발견하지 못했다면, 소녀는 아마 다른 사건을 발견했을 것이다. 소녀는 그런 사건들을 쉽게 찾아낸다.

> 소녀는 더 이상 혼자 수영하러 가지 않으려 할 것이다.

응석받이로 자란 아이들은 보통 수영을 배우며 문제를 일으킨다. 그런 아이들은 수영을 좋아하지 않는다. 왜냐하면 수영이 독립을 요구하기 때문이다. 만약 누군가가 늘 옆에서 그런 아이들을 도왔다면, 그 아이들은 절대로 독립을 훈련할 수 없었을 것이다.

> 소녀는 산책을 나가자는 제안을 받을 때면 언제나 소란을 일으킨다. 그녀는 집 안에서 지내기를 더 선호한다.

여기서 우리는 소녀가 활동 범위를 가능한 한 좁게 유지하기를 원한다는 사실을 뒷받침하는 증거를 추가로 확인하고 있다. 그녀는 행동을 통해서 "나는 몸이 매우 약하기 때문에 어떤 과제든 해내지 못해!"라는 뜻을 표현하고 있다. 그녀는 다른 누구보다 더 훌륭하기를 원하고 있으며, 그런 까닭에 소녀에게는 모든 과제가 너무나 크게 느껴진다. 만약 누군가가 모든 사람을 능가하려고 노력하지 않고 모든 것을 가볍게 받아들인다면, 삶은 그다지 힘들지 않을 것이며, 그 사람은 자신의 활동 범위를 제한하려 시도하지도 않을 것이다.

> 소녀는 자기가 좋아하는 선생이 할당한 관찰을 위해서 사흘 연속 하루에 두 시간씩 시장에 혼자 서 있었다.

이것은 그녀의 제한적인 활동의 일부이다. 이 활동을 통해서 그녀는 간절히 추구하는 우월을 이루기를 원한다.

> 소녀의 자기 연민과 독립심의 결여와 소심은 어렸을 적 소녀의 행동과 정반대이다.

우리는 소녀에게 무슨 일이 분명히 일어났다고 단정해야 한다. 응석받이로 자란 아이로서 소녀의 성격의 일부가 된 낙담을 더욱 강화한 일임에 분명하다. 우리가 알게 된 바와 같이, 소녀는 지난 몇 년 동안 자신이 더욱 가난한 상황에 처해 있다고 느꼈으며, 삶을 영위하며 예전보다 훨씬 더 많은 어려움을 겪고 있다고 느꼈다. 어떻게 이런 상황이 일어나게 되었는지에 대해 말해줄 단서를 우리는 전혀 갖고 있지 않다.

> 예전에 소녀는 인내심을 보인다는 점에서 오빠와 달랐다. 예를 들면, 통증도 쉽게 참아냈다. 병원에서 치료를 받을 때, 오빠는 울어도 소녀는 울지 않았다. 소녀는 독립심도 보여 주었고, 외향적이었다.

지금 우리가 알고 있는 바와 같이, 그녀는 가족 안에서 둘째 아이이다. 둘째 아이들은 최고가 되기를 몹시 갈망하며 첫째와 끊임없이 경주를 벌인다. 이전에 소녀도 오빠를 앞서기를 바라며 틀림없이 그런 식으로 행동했다. 그러다가 그녀에게 그 경주가 더욱 힘들게 느껴지도록 만든 무슨 일이 일어났음에 틀림없다. 그래서 오늘날 소녀는 좁은 활동 범위 안에서만 우월을 추구하고 있다.

소녀에게 일어났을 수 있는 일에 대한 의견을 이미 몇 가지 제시할 수 있다. 지난 몇 년 사이에, 소녀의 오빠가 그녀에게 추월 불가능한 것으로 보였을 수 있다. 소녀의 오빠는 별다른 힘을 들이지 않고도 이 경주에서 승리를 거둘 수 있다고 믿으며 스스로 꽤 강하다고 느끼고 있다. 대체로 보면, 오빠와 여동생의 관계에서 여동생이 총애를 받는다. 이유는 소녀들이 정신적으로나 육체적으로나 더 빨리 발달하기 때문이다. 이 점에서 보면, 소녀가 그 경주에서 승리하고 있어야 한다. 그런데 지금 오빠가 우월한 위치를 차지하고 있다는 사실을 고려한다면, 아마 소년이 어떤 종류의 유리한 시작을 누렸을 것이다. 우리는 이런 상황이 어떤 식으로 초래되었는지 아직 알지 못한다.

그 같은 전환은 소녀의 삶에 일어난 외적 변화로 설명될 수 없다.

이 시점에서, 우리는 무엇이 이 변화를 야기했는지 모른다. 그 전환은 지친 경주자 본인의 방향 전환일 수밖에 없을 것이다. 소녀는 경주자이지만, 쉬운 경주를 벌이기를 원한다. 소녀는 승리에 대한 확신이 예전처럼 강하지 않다. 아마 오빠에 대한 인정이 강해졌거나, 그녀 자신에 대한 인정이 약해졌기 때문일 것이다. 우리는 지켜봐야 한다.

동시에 소녀의 오빠에게 어떤 변화가 있었다는 사실에 주목할 필요가 있다.

이 묘사는 내가 앞에서 언급한 중요한 사항을, 소년의 행동이 변했음에 틀림없다고 한 의견을 뒷받침하고 있다.

소년의 할머니가 보고하듯이, 소년은 참을성이 더 강해지고, 더욱 합리적이고, 독립적이고, 더욱 사교적이게 되었다.

당연히, 우리는 소녀의 오빠가 변한 이유를 알기를 원한다. 아마, 이 경주에서 오빠가 보다 사회적인 존재로 변했을 것이다. 그가 자신이 앞서 있고 여동생이 뒤에 처져 있다는 사실을 알아차렸기 때문일 것이다. 소녀의 오빠가 (학교에서) 지위의 상승을 이루었을 수도 있으며, 그 결과 그의 여동생이 오빠를 앞지르려는 자신의 노력을 특별히 어려운 것으로 여기며 포기하기로 결정했을 수도 있다.

> 소녀의 오빠는 자신이 좋아하는 것을 할 때 즐거워한다. 그 전에 그는 고함을 지르거나 무례하게 굴거나 동생을 집적거리며 아무 이유도 없이 모든 것을 거부했다.

처음에는 소녀의 오빠가 이 경주를 이길 수 없다고 느꼈지만 지금은 소녀가 경주에서 이길 수 없다고 느끼고 있다는 점을 고려한다면, 전체 그림의 방향이 완전히 반대로 바뀐 것처럼 보인다. 남매는 하나의 단위로 작동하고 있으며, 그들은 그런 식으로 볼 때에만 이해가 된다. 우리는 소녀가 갑자기 경주를 포기하도록 만든 일이 무엇이었는지 이해하기를 원한다. 오빠는 학교에서 성공을 거두고 있는 반면에 소녀는 그렇지 못할 수 있다. 우리는 앞서 나가던 아이가 갑자기 실패하도록 만들 수 있는 사건들을 찾고 있다. 아마 소녀의 오빠가 친구들에게 영향력을 행사했고, 그것을 계기로 오빠가 사회적 지위를 얻었을 수도 있다. 또 오빠는 신체적으로 이점을 누리고 잘생겼을 수 있고, 여동생은 그렇지 않을 수도 있다.

우리는 소녀의 개인적 과거에서 어떤 설명을 찾을 수 있다.

> 로테는 태어나고 첫 몇 주일 동안 배꼽의 어떤 문제 때문에 특별한 보살핌을 필요로 했다. 그 결과, 소녀는 위(胃)에 문제를 일으켰으며, 이 때문에 어머니의 끊임없는 보살핌이 있었다.

이런 열등한 상황들은 소녀의 삶의 초기에 일어났으며, 특별한 보살핌을 요구했다. 또 주위 사람들은 특별히 소녀 가까이 있기 위해서 노력해야 했다.

> 낮 동안에, 아이는 유쾌하고 참을성을 보였다.

분명히, 누군가가 늘 그녀 주변에 있었기 때문일 것이다.

> 밤에, 소녀는 오줌을 싸면 엄마가 자기를 보살피게 할 수 있다는 사실을 깨달았다. 최종적으로, 그녀는 심하게 울면 어머니가 자기를 침대로 데려간다는 것을 알았다. 이 버릇은 세 살까지 이어졌다.

이것들은 응석받이로 큰 아이임을 말해주는 확실한 암시들이다. 만약 누군가가 오줌을 싸는 것이 응석받이 양육에서 비롯된다는 점에 대해 이의를 제기한다면, 나는 개인 심리학의 오래된 원칙을 적용할 것을 권할 것이다. 일단 이 징후를 무시하고 아이에게서 응석받이 양육을 말해주는 다른 현상들을 찾으라는 원칙 말이다. 그러면 이 현상들이 그 아이가 응석받이로 자랐다는 사실과 연결될 것이며, 이어서 야뇨증이 그런 양육의 또 다른 징후라는 것이 확인될 것이다.

> 언어 발달에서, 로테는 두드러지게 늦는 모습을 보였다.

이 같은 사실도 우리를 놀라게 하지 않는다. 응석받이로 자란 아이들이 말을 늦게 배운다는 사실은 잘 알려져 있다.

> 소녀는 말을 아주 늦게 배웠으며, 소녀의 언어는 유치했다.

이 측면에서 소녀의 활동은 동생으로서의 그녀의 역할을 뒷받침한다. 이것들은 결과들이며, 그녀가 자신의 문제를 극복하기 위해 활발하게 노력한다는 증거는 아니다.

> 언젠가 소녀 앞에서 그녀보다 말을 훨씬 더 잘 하는 아이들에 관한 이야기가 오갔을 때, 로테가 갑자기 이렇게 말했다. “폴은 ‘예’라고 하지 않고 ‘응’이라고 해.”

소녀는 다른 누군가가 자기보다 말을 더 잘 한다는 소리를 들을 때면 예민해진다. 그녀는 자신을 열등하다고 여기지 않으려는 경향을 강하게 보인다.

> 두 살에서 네 살 사이에, 소녀는 고집이 점점 더 세졌다.

이것은 발달의 한 경향이다. 오빠와 경주를 벌이면서, 소녀는 자신이 강하고 어른이라는 점을 보여주기를 원한다.

> 소녀는 음식을 먹지 않으려 하고 잠을 자러 가지 않으려 한다. 특히 소녀가 어머니와 함께 머물 때, 그런 현상이 더 두드러진다.

응석받이로 자란 아이들에게 이런 특징들이 종종 나타난다.

> 어머니는 일 때문에 더 이상 딸을 지속적으로 돌봐주지 못한다. 하녀는

보다 매력적이고 활동적인 소년을 좋아하고 소녀를 무시했다.

여기서 다시 우리는 앞에서 표현한 것과 꽤 가까운 견해를 본다. 아마 이 지점에서 열 살인 소녀는 학교 환경에서 발견될 수 있는 이유들 때문에 불안을 느끼기 시작했을 것이다.

오빠가 동생을 때리지 않을 때, 소녀는 오빠가 자기를 보살피도록 내버려 두었다.

소녀는 오빠의 보살핌을 받는 것을 좋아했다. 둘이 경주를 벌인다는 신호들은 주기적으로 겉으로 드러난다.

오빠에게 자극 받아, 소녀는 부모에게 반항했으며, 그럴 때면 소녀는 오빠만큼 빨리 마음을 풀지 않았다.

둘째 아이들한테서 그런 행동이 자주 보인다. 첫째 아이들은 둘째 아이보다 상냥하다. 첫째 아이들은 힘의 균형을 선호한다.

소녀는 오빠보다 더 큰 용기를 보인다.

우리는 이 보고서를 쓴 사람으로부터 용기와 관련해서 세부적인 사항을 더 많이 얻어야 한다.

네 살 때, 소녀는 아동 보호 시설에 보내졌는데, 그곳에서 아무도 소녀와 가까이 지내려 하지 않았다.

이 일이 소녀에게 특별히 강한 인상을 남겼음에 틀림없다. 소녀는 늘 자신을 돌볼 사람을 옆에 두는 데 익숙했으며, 우리는 그녀가 자신에게 친절한 사람을 선호한다는 것을 알고 있다. 소녀는 우정과 선량과 따스함에 쉽게 반응한다. 그런 상황에서, 소녀는 스스로를 통제할 수 있다.

소녀의 언어 발달은 향상되지 않았다.

소녀는 아마 이 시설의 교육 방법을 좋아하지 않았을 것이다.

전반적으로 소녀는 향상을 전혀 보이지 않았다. 이런 적대적인 분위기에서, 소녀는 오빠와 잘 지냈다.

이 시설에 있는 동안에, 오빠와 동생은 똑같이 둘이 서로 남매라는 사실을 강하게 느꼈다. 우리는 그들이 통합적인 어떤 체계 안에서 발달할 수 있다는 것을 확인한다.

오빠는 보호자의 역할을 좋아했다.

그 점이 눈에 띈다. 이 소년을 이기는 것은 아마 쉽지 않았을 것이다. 만약 이런 일이 뒷날 일어났다면, 우리는 신경을 쓰지 않았을 것이다.

소녀는 더 이상 밤에 오줌을 싸지 않는다.

아이들이 다른 환경에 놓이게 될 때 밤에 오줌을 싸지 않는 것이 종종 관찰되었다. 한편, 많은 아이들은 그런 시설에서 쫓겨나면 집으로 돌아갈 수 있다고 생각하며 야뇨증을 멈추지 않는다. 그것도 어느 정도 일리가 있다. 새로운 환경 속에서 접하는 사람들이 야뇨증에 대해 전혀 신경을 쓰지 않는 경우에 아이들은 가끔 야뇨증을 멈춘다.

소녀는 야뇨증 때문에 엉덩이를 맞았지만 다른 것으로는 엉덩이를 맞지 않았다. 소녀는 또한 음식을 잘 먹고 빨리 잠을 자러 갔다. 그러다가 소녀가 할머니에게 왔다. 소녀는 할머니와 이전에 어머니와 맺었던 관계만큼 끈끈하게 결합되었다.

친절에 대한 소녀의 욕구가 강하다는 것이 확인된다.

소녀는 다시 밤에 오줌을 싸기 시작했다.

야뇨증이 여기서 다시 어떤 가치를 지니게 되었다. 야뇨증이 새롭게 중요성을 얻은 것이다.

엄청난 노력을 기울인 뒤에야, 소녀는 야뇨증을 포기할 수 있었다. 먼저 그녀는 하룻밤에 서너 번은 잠자리에서 일어나야 했다.

소녀는 야뇨증으로 자기 오빠보다 유리한 위치에 설 수 있다고 생각하는 것 같다. 이것은 앞에 있었던 우리의 관찰을 뒷받침한다. 야뇨증으로 인해 밤에 소녀가 어머니나 할머니와 함께 있게 되는 것이다. 어머니와 할머니를 오빠로부터 떼어놓을 수 있으니 말이다.

> 소녀는 몬테소리 유치원에 들어갈 때까지 계속 어린애 같은 말투를 썼다. 유치원에 들어가고 나서야 소녀는 어른처럼 말하려고 노력하기 시작했으나 처음에는 성공하지 못했다.

면밀히 조사하면, 어떤 사람이 처음으로 시도하는 것은 어떤 것이든 성공적이지 않은 것처럼 보인다. 처음 시작하는 일부 아이들이 무엇인가를 더 잘 처리할 때, 그런 경우에만 진전으로 여겨질 수 있다. 그러나 실상을 보면 그 아이들은 미리 연습을 거친 상태이며, 그런 아이들의 경우에 구체적인 어떤 기술을 배우는 것은 새로운 출발일 수 없다. 그 기술이 그들에게 정말로 새로운 것이었다면, 그 아이들도 마찬가지로 성공적으로 해내지 못했을 것이다.

한 예가 헤엄치는 방법을 배우는 것이다. 그 어떤 학생도 한 번만에 수영에 성공하지 못한다. 수영을 익히는 것은 처음부터 쉽게 되는 것이 아니다. 수영을 처음 배우는 사람이 모든 것을 엉터리로 하기 때문이다. 그러나 그 같은 사실 때문에 그 사람이 수영을 다시 시도하지 않는 일은 없어야 한다.

> 처음에 소녀는 비웃음을 사지 않기 위해 스피치 레슨을 받았다.

이 소녀는 삶에서 언제나 어려움을 겪었으며, 그래서 우리는 소녀가 그 문제들에 대해 알고 있다고 단정해야 한다.

> 소녀는 이 학교에서 적응을 아주 잘 했다. 곧 소녀는 자기보다 어린 아이들에게 글을 읽어줄 수 있었다.

말을 제대로 하지 못하는 상태에서 시작한 아이들이 훗날 다른 아이들보다 말을 더 잘 한다는 사실이 종종 관찰되었다(예를 들면, 데모스테네스(Demosthenes)[8]가 있다). 소녀가 적응했다는 사실은 아마 아이들을 친절하게 다루었을 이 학교의 우수성을 증명한다. 그 같은 사실은 또한 이 소녀가 그렇게 성공적으로 적응한 이유를 설명한다.

> 지금 소녀는 말을 잘 하고, 또 말하기를 좋아한다. 소녀는 운동을 해서 살도 빼고 연습을 통해 서투름도 극복했다. 그 점에서 소녀는 오빠를 능가했다.

이 같은 사실이 암시하듯이, 당분간 소녀가 승자이다. 그러나 우리는 소녀의 오빠가 스포츠에 탁월하다는 사실을 떠올려야 한다.

> 소녀는 오빠를 즐겁게 해 줄 일을 두루 하고 있으며, 심지어 오빠가 자신을 이용하도록 내버려 두기까지 한다. 소녀는 오빠에게 돈도 준다. 구두쇠인 오빠와 달리, 소녀는 선물을 주는 것을 즐긴다.

8 고대 그리스의 정치가이자 웅변가(B.C. 384-B.C. 322).

소녀는 오빠의 힘과 가치를 인정하는 것 같다. 그러나 이것은 그녀가 최종적인 승리를 포기했다는 뜻은 아니다. 그녀는 단지 오빠와 싸우고 싶어 하지 않으며, 정치적 조약과 비슷한 협정을 맺는 쪽을 선호한다. 그녀는 오빠와 강하게 일치하고 있다. 이것은 사실 그녀가 이 관계에서 둘 중 자신이 더 강하다고 느낀다는 것을 의미한다.

오빠는 동생을 형편없이 대한다.

오빠는 그 상황을 이용하고 있다. 우리는 소녀의 불안이 스스로 약하다고 느낀다는 사실에서 비롯되는 것을 볼 수 있다. 소녀는 자기 오빠를 능가하는 것이 얼마나 어려운 일인지를 느끼고 있다.

소녀는 어린 소년들과의 우정에서 대체물 같은 것을 발견했다.

이것은 다시 그녀가 스스로 강하다고 느끼지 않고 있다는 점을 보여주는 신호이다. 어린 소년들과의 우정을 추구하는 것은 이해할 만하다. 소녀는 남자들이 상위라는 것을 이미 느끼고 있으며, 심지어 그것을 받아들이기도 한다. 이 같은 사실은 그런 아이의 행동에 중요한 역할을 할 것임에 틀림없다.

이 소녀의 변화는 틀림없이 그녀가 남녀 차이를 느끼고, 유럽 문화에 나타나는 그런 차이의 결과를 이해하기 시작할 때 일어났다. 이런 경우에, 우리는 소녀가 남자들을 과대평가하고 여자들을 과소평가한다고 판단해야 한다. 그녀가 어린 소년들과 우정을 맺고 스스로 오빠를 보호자로 받아들이는 것은 남자를 대하는 그녀의 태도를 보여준다.

소녀의 가장 친한 친구는 여자 같은 소년이다.

소녀는 어떤 형식의 동등을 추구하기를 원하는 것 같다. 그녀는 자신이 완전히 소녀이기를 원하지 않으며, 또 소년들이 지나치게 남자답게 되기를 원하지 않는다. 여자들을 과소평가하는 태도가 이미 그녀의 일부가 되었음에 틀림없다.

소녀는 그 소년을 어머니처럼 돌본다. 이런 보살핌이 그녀가 평소에 하고 싶어 하는 일이다.

이것은 다시 그녀의 우월감을 암시한다.

소녀는 늘 친구들의 마음을 상하게 할까 봐 걱정한다. 예를 들면, 어느 한 친구를 다른 친구들보다 더 좋아하는 것처럼 비치지 않을까 신경을 쓴다. 그녀 자신도 쉽게 마음을 다친다.

소녀는 아첨꾼들을 두고 있는 것처럼 보이며, 그들을 모욕하지 않기 위해 조심해야 한다. 소녀 자신도 쉽게 마음을 다친다. 마치 불안을 느끼며 사소한 사건까지도 상황을 뒤집어놓을 수 있다고 믿는 사람처럼.

오빠와 정반대로, 소녀는 학교에서 교사들과 아이들의 호감을 사고 있다. 첫 번째 에세이에서, 소녀는 영웅에 대해, 말하자면 덩치 큰 소년을 구한 작은 소녀에 대해 썼다.

이것은 분명히 소녀 자신의 분투를 암시한다. 작은 소녀를 큰 소년보다 더 강하게 만들려고 하니 말이다.

소녀는 결혼하여 엄마가 되기를 원한다.

소녀는 여자들의 역할을 이해하고 있으며, 그 역할을 못마땅하지만 필요한 것으로 체념하듯 받아들이려고 한다. 그녀는 결혼이 엄마가 되고 보다 강한 남자의 감독을 받는 것과 연결된다는 생각을 품고 있다. 우리는 그녀가 여자의 역할에 만족하고 있다고 전적으로 믿지는 않는다.

그러나 소녀는 가구와 기저귀를 구입하는 일에 대해 걱정한다.

여기서 새로운 요소가 등장한다. 소녀가 결혼에 필요한 모든 것을 확보하려고 노력하며 직면하는 어려움이다. 그녀는 지참금의 의미를 아는 것 같고, 전혀 아무것도 소유하지 않고 있다는 사실이 문제로 작용하며 그녀가 생각에 빠지도록 한다.

소녀는 아주 드물게 몇 년마다 한 번씩 만나는 아버지와 매우 다정한 관계를 맺고 있다.

소녀의 아버지는 틀림없이 소녀에게 부드럽게 대하며 애정을 표현하고 있다.

> 소녀가 즉석에서 떠올리며 들려주는 공상에서, 소녀의 아버지는 온갖 익살맞은 상황에서 등장한다.

소녀는 자기 아버지에게 호의적인 감정을 품고 있는 것 같지만, 그녀는 한 사람의 남자로서 우스꽝스러운 상황에 처한 아버지를 보고 있다. 이처럼 남자들을 평가절하하려는 경향은 남자들을 사소한 문제도 해결하지 못하는 터무니없는 존재로 여기는 소녀들과 여자들에게서 자주 보인다. 소년들이 여자 학교 앞을 지나갈 때, 여학생들은 교실 밖에 모여 키득거리며 웃곤 한다. 여자들이 남자들을 웃기는 사람으로 보이도록 만드는 것은 남자들을 비하하는 짓이다. 여자들이 생각 속에서는 남자들을 더 우월한 것으로 여기며 과대평가할지라도 말이다.

> 다음 대화는 2년 전에 엿들은 것이다.
>
> "피터, 내가 어른이 되어도 그때도 네가 여전히 오빠인 거야?"
>
> "당연하지."

소녀는 어른이 될 날을 기다리고 있다. 증거를 발견하는 나의 능력을 과장하고 싶은 생각은 없지만, 나는 이 대화가 나의 이론과 아주 잘 맞아떨어진다는 사실을 비밀로 하고 싶지 않다.

"그렇지만, 나에게 남편이 생길 때, 그때는 어떻게 되는 거야?"
"그 사람은 너의 남편이고, 나는 너의 오빠지!"

이 부분은 설명을 전혀 필요로 하지 않는다. 우리는 그녀가 이 문제를 어떤 식으로 해결하려고 노력하는지를 볼 수 있다.

"그러나 어떤 남편인데?"
"글쎄, 네가 좋아하는 사람이겠지!"
"어떻게 그런 일이 가능해?"
"글쎄, 네가 그 사람을 자세히 살펴야겠지."
"하지만 그 사람이 직업을 갖고 있다는 것을 어떻게 알아?"

소녀는 남녀 역할 차이를 꽤 명확히 이해하고 있는 것 같다. 소녀는 남편이 일을 하는 역할을 맡는다고 생각한다.

소년이 웃는다. 소녀는 소년에게 거의 울다시피 하며 이렇게 말한다. "모든 일을 나 혼자 하고 싶지는 않아. 그도 요리를 해야 하고, 언제나 신문을 읽고 있는 아빠처럼 되어서는 안 돼!"

여기서 우리는 다시 동등을 이루려는 소녀의 목표를 확인한다. 우리는 용기를 북돋움으로써 이 소녀를 도울 수 있다. 소녀는 두 가지 이유로 굳은 의지를 잃었다. 1) 오빠가 소녀에게 너무 강해 보인다. 2) 소녀가 여자로서의 역할 때문에 자신이 어떤 발전도 꾀하지 못할 것이라고 두려워하며, 자신은 동등하거나 우월한 위치에 절대로 닿지 못할 것이라고 강하게 믿고 있다.

우리는 이 아이와 대화하는 방법을 이해해야 한다. 소녀에게 여러 가지를 말해줄 수 있다. 오빠가 어떤 성공을 거두든, 그 성공은 그렇게 많은 것을 의미하지 않는다는 것을 말해줘야 한다. 비록 지금은 오빠가 앞서가고 있지만, 그녀도 오빠와 동일한 수준의 성공을 목표로 잡고 노력하면 그것을 이룰 수 있다고 말해줘야 한다. 만약 소녀가 자신은 어떤 것도 성취할 수 없다고 믿고 있다면, 그녀에게 그녀도 그렇게 할 수 있다는 사실을 보여줘야 한다. 소녀가 용기를 갖고 미래를 낙관하도록 해 줘야 한다. 소녀로서, 최종적으로 부인으로서, 그녀가 도움을 받기 위해 남자에게 의존하는 것이 아니라는 점을 알게 해 줘야 한다. 그녀는 일과 돈벌이와 가구 구입 등이 남자의 특권만은 아니라는 사실을 이해해야 한다.

동시에, 그녀는 가사가 경멸스런 것이 아니라, 남자가 요리 같은 일을 맡는 것보다 밖에서 직장을 갖는 경우에 돈을 더 많이 벌 수 있기 때문에 여자가 집안일을 맡는다는 것을 이해해야 한다. 집안일도 남자가 직장에서 하는 일과 동등한 가치를 지니는 것으로, 그리고 남편을 위해서 어떤 토대를 확립하는 것으로 여겨져야 한다. 그러면 부부가 가정의 평화와 조화를 더 쉽게 이루게 될 것이라는 점도 소녀가 이해할 수 있어야 한다. 더불어 그녀도 남편과 함께 일할 수 있으며 수많은 방법으로 남편과 협력할 수 있다는 사실을 우리는 그녀에게 분명히 전달할 수 있어야 한다. 또 소녀가 여자의 역할에 대한 인식을 바꾸도록 격려하고, 미래를 적대적인 시각으로 보지 않도록 해줘야 한다.

〈부록〉

개인 심리학 설문지

세계 개인심리학 학회가 문제아들을 이해하고 치료할 목적으로 작성했다.

1. 불평의 원인이 언제부터 시작되었는가? 아이의 실패가 처음 확인되었을 때, 아이는 (정신적으로나 다른 측면으로) 어떤 상황에 처했는가?

> 다음 사항들이 중요하다. 환경 변화, 학교생활 시작, 가족의 출생, 나이가 더 어리거나 더 많은 형제자매들, 학교에서의 실패, 교사나 학교의 변화, 새로운 우정, 아이의 병, 부모의 이혼이나 재혼, 죽음 등.

2. 지금보다 더 어렸을 때, 아이에게서 정신적 또는 신체적 허약과 관련하여 특이한 사항이 확인되었는가? 소심, 부주의, 망설임, 서투름, 시기, 질투, 먹거나 입거나 씻거나 자러 갈 때 타인들에게 의지하는 현상

등. 아이가 홀로 있는 것을 두려워하거나 어둠을 무서워했는가? 아이는 남녀에 따른 역할을 이해하는가? 일차, 이차 또는 삼차 성징(性徵)이 있는가? 아이는 이성(異性)을 어떻게 보는가? 아이는 남자나 여자로서 해야 할 역할에 대해 어느 정도 배웠는가? 아이가 의붓자식인가? 사생아인가? 수양아들 또는 수양딸인가? 고아인가? 양어버이는 아이를 어떻게 다루었는가? 아이는 지금도 양어버이와 연락하며 지내는가? 아이는 말하고 걷는 것을 제때 배웠는가? 그런 것을 배우는 데 어려움이 없었는가? 치아가 제때 났는가? 읽기와 그림 그리기, 노래, 수영을 배울 때 두드러진 어려움이 없었는가? 아이가 아버지나 어머니, 조부모 또는 유모에게 특별히 애착을 갖는가?

> 삶을 대하는 적대적인 태도, 열등감을 느끼는 원인, 어려움이나 사람들을 배제하려는 경향, 그리고 이기심과 과민증, 조급증, 탐욕, 과도한 경계 등의 특성을 찾아내야 한다.

3. 아이가 많은 어려움을 안기는가? 아이가 가장 두려워하는 것은 무엇이며, 가장 무서워하는 사람은 누구인가? 아이가 밤에 우는가? 밤에 오줌을 싸는가? 자기보다 약하거나 어린 아이들 앞에서 거드럭거리는가? 부모의 침대에서 자려는 욕구를 강하게 보이는가? 구루병을 앓았는가? 아이의 지능은 어떤가? 아이가 집적거림을 당하고 조롱을 당하는가? 머리나 옷이나 신발 등과 관련하여 외모에 신경을 많이 쓰는가? 손톱을 물어뜯거나 코를 후비는가? 음식을 먹을 때 탐욕스런 모습을 보이는가?

이 질문들은 아이가 중요하거나 사소한 활동을 통해서 자신의 중요성을 확보하려고 노력하는지, 더 나아가 반항 때문에 아이의 욕망이 문화에 제대로 적응하지 못하는지 여부를 파악하기 위한 것이다.

4. 아이는 친구를 쉽게 사귀는가? 사람들과 동물들을 관대하게 대하는가, 아니면 사람들과 동물들을 괴롭히는가? 아이가 수집하고 저장하기를 좋아하는가? 탐욕과 갈망은 어떤가? 아이가 다른 아이들을 이끌고 있는가? 아이가 스스로를 고립시키는 경향을 보이는가?

이 질문들은 아이가 사람들과 접촉하는 능력을 어느 정도 키웠고 낙담이 어느 정도 깊은지를 말해준다.

5. 앞에 제시한 모든 질문들을 바탕으로 할 때, 아이의 현재 상태는 어떤가? 아이가 학교에서 어떻게 처신하는가? 학교를 좋아하는가? 시간을 잘 지키는가? 학교에 가기 전에 신나 하는가? 아이가 서두르는가? 교과서와 가방, 공책을 잃어버리는가? 공부를 하거나 시험을 치기 전에 신나 하는가? 숙제하는 것을 까먹거나 숙제하기를 거부하는가? 시간을 낭비하는가? 게으르게 구는가? 집중하는가? 학급의 수업을 방해하는가? 아이는 교사를 어떻게 대하는가? 비판적인가, 거만한가, 아니면 무관심한가? 아이가 다른 사람들에게 공부를 도와달라고 부탁하는가, 아니면 다른 사람이 물어올 때까지 기다리는가? 체조와 스포츠에 의욕적인가? 아이가 자신에 대해 비교적 재능이 없는 것으로 여기는가, 아니면 완전히 재능이 없는 것으로 여기는가? 아이는 독서를 열심히 하는가? 어떤 장르

의 문학을 좋아하는가?

이 질문들은 아이가 학교 출석이라는 '실험'을 거치게 된 결과를, 말하자면 학교를 위한 준비가 어떤 상태인지를 말해주고 아이가 곤경을 대하는 태도가 어떤지를 보여준다.

6. 가정 상황에 관한 정확한 정보가 필요하다. 가족의 병, 알코올 중독, 범죄 성향, 신경증, 신체장애, 매독, 간질, 생활수준에 관한 정보 등. 아이의 가족 중에 사망한 사람이 있는가? 그런 일이 일어났을 때, 아이는 몇 살이었는가? 아이가 고아인가? 가족 안에서 지배적인 영향력을 행사하는 사람은 누구인가? 양육은 엄격했는가, 잔소리가 많았는가, 아니면 응석을 받아주었는가? 아이가 삶을 무서워하도록 키워졌는가? 아이에 대한 감독은 어떤가? 의붓 부모가 있는가?

이 질문들로부터, 우리는 아이가 가족 안에서 차지하고 있는 위치를 보고, 아이가 받았을 인상들을 확인할 수 있다.

7. 아이는 가족 안에서의 자신의 위치에 대해 어떤 입장을 보이는가? 아이는 맏이인가, 막내인가, 외동인가, 독자인가, 독녀인가? 아이는 경쟁심을 느끼거나, 많이 울거나, 심술궂은 웃음을 짓거나, 타인들을 깎아내리려는 경향을 강하게 보이는가?

위의 내용은 아이의 성격과 아이가 사람들을 대하는 전반적인 태도를 파악하는 데 중요하다.

8. 아이는 직업 선택에 대해 어떤 생각이라도 갖고 있는가? 아이는 결혼에 대해 어떻게 생각하는가? 가족의 다른 구성원들은 어떤 직업을 갖고 있는가? 부모의 결혼생활은 어떤가?

이 정보들을 근거로, 우리는 아이에게 용기가 있고 미래에 대한 확신이 있는지 확인할 수 있다.

9. 아이가 좋아하는 놀이와 이야기는 어떤 것이며, 아이가 좋아하는, 역사와 픽션 속의 인물들은 누구인가? 아이는 다른 아이들의 놀이를 훼방 놓기를 좋아하는가? 아이는 상상력이 풍부한가? 아니면 냉철한 사상가인가? 아이는 몽상에 빠지는가?

이 질문들은 아이에게 삶 속에서 주인공의 역할을 맡으려는 경향이 있는지를 파악하게 한다. 아이의 행동에 나타나는 뚜렷한 대조는 낙담의 신호로 여겨질 수 있다.

10. 아이가 떠올리는 최초의 기억은 무엇인가? 아이가 날아다니거나 추락하거나 무력하거나 역에 늦게 도착하는 꿈들, 즉 불안 꿈을 주기적으로 꾸는가?

이 연결 속에서, 우리는 고립의 경향과, 주의하라는 내용의 경고, 야심적인 특성, 특별한 사람이나 시골생활에 대한 선호 등을 종종 발견한다.

11. 아이가 뭐 때문에 낙담하고 있는가? 아이는 스스로 무시당하고 있다고 생각하는가? 관심과 칭송에 즉각적으로 반응하는가? 미신적인 생각을 품고 있는가? 어려움을 피하는가? 아이가 다양한 일에 손을 대지만 금방 포기하고 마는가? 자신의 미래를 확신하지 못하는가? 아이가 유전의 해로운 효과를 믿는가? 주변 사람들 때문에 일상적으로 낙담하고 있는가? 삶을 보는 관점이 비관적인가?

이 질문들에 대한 대답은 아이가 자신에 대한 확신을 잃고 지금 그릇된 방향으로 움직이고 있다는 점을 증명할 수 있다.

12. 아이가 이 외에 다른 나쁜 버릇을 추가로 갖고 있는가? 아이가 인상을 쓰는가? 아이가 어리석거나 유치하게, 아니면 우스꽝스럽게 행동하는가?

이런 것들은 용기 있게 관심을 끌려고 노력하는 모습이 아니다.

13. 아이가 언어 장애를 갖고 있는가? 아이가 못생겼는가? 발에 기형이 있는가? 안짱다리 또는 밭장다리인가? 발육 장애를 겪고 있는가? 아이가 비정상적으로 크거나 작은가? 신체 균형이 맞지 않는가? 눈 또는 귀에 장애가 있는가? 정신적 지체가 있는가? 왼손잡이인가? 밤에 코를 고는가? 아이가 눈에 띄게 잘생겼는가?

이 질문들은 아이가 대체로 과장하며 낙담하게 만드는 삶의 어려움들을 말해준다. 우리는 매우 잘생긴 아이들에게서 잘못된 발달을 종종 발견한다. 이런 아이들은 원하기만 하면 무엇이든 별다른 노력 없이 손에 넣을 수 있어야 한다는 생각을 품게 된다. 그런 아이들은 삶을 제대로 준비할 수 있는 수많은 기회를 놓치고 있다.

14. 아이가 자신의 무능에 대해, 학교나 일이나 삶에 필요한 '재능'을 결여한 사실에 대해 자주 말하는가? 아이가 자살에 대해 생각하는가? 아이의 실패와 어려움이 시기(時期)와 관계가 있는가? 아이가 외관상의 성공을 지나치게 과장하는가? 아첨하거나, 편협하게 굴거나, 반항적인가?

여기서 우리는 극단적인 낙담의 표현들을 볼 수 있다. 그런 표현들은 대부분 아이가 자신의 문제들을 제거하려고 노력하다가 실패한 뒤에 분명하게 나타난다. 아이의 실패는 부분적으로 자신의 노력이 효과가 없었기 때문이고, 또 부분적으로는 주변 사람들의 이해가 부족했기 때문이다. 아이에게 나타나는 징후들은 부정적인 방향으로 이뤄지는 대리만족과 비슷하다.

15. 아이가 성공을 거두고 있는 일들을 나열하라.

그런 "긍정적인 수행"은 우리에게 중요한 힌트를 준다. 아이의 관심사와 성향, 준비 등이 아이가 지금까지 취한 것과 다른 방향을 가리킬 수 있기 때문이다.

앞에 제시한 질문들(질문하는 순서를 엄격히 지킬 필요는 절대로 없으며, 질문은 대화를 통해 무심코 던지듯 해야 한다)에 대한 대답을 바탕으로, 우리는 개별적인 아이의 독특성을 제대로 파악할 수 있다. 그러면 아이의 실패들이 정당화되지는 않을지라도, 그 아이를 이해하는 것은 가능해진다. 그 과정에 드러난 오류들은 언제나 위협적인 요소가 전혀 없는 가운데 참을성 있고 우호적인 분위기 속에서 설명되어야 한다.

〈옮긴이의 말〉

똑같은 환경에서 성장하는 아이는 없다!

서로 똑같은 환경에서 성장하는 아이는 있을 수 없습니다. 같은 가정에서 크는 두 아이의 환경도 같지 않습니다. 첫째 아이는 부모를 독점하는 시기를 일정 기간 갖습니다. 그러나 둘째 아이는 절대로 그런 시기를 경험할 수 없으며 언제나 앞서 달리는 '경쟁자'를 둔 상태에서 살게 됩니다. 알프레드 아들러의 개인 심리학이라는 용어 중 '개인'이라는 표현은 바로 그런 뜻을 담고 있습니다. 누구든 유일한 한 사람의 개인으로, 결코 쪼개질 수 없는 하나의 통일체로 다뤄야 한다는 뜻입니다.

이 책은 아들러가 그런 관점에서, 주변 사람들 사이에 문제아로 통하는 아이들을 다루는 방법을 제시하고 있습니다. 아들러가 학교 교육에 개인 심리학을 소개하기로 결정한 뒤에 학교에서 상담을 담당하던 교사들을 대상으로 강연한 내용이 이 책에 담겨 있습니다.

아들러가 가장 먼저 강조하는 것은 인성입니다. 공동체를 고려하지 않는 아이는 절대로 바람직한 방향으로 성장하지 못하는 것으로 여겨집니다. 아이는 무엇보다 공동체를 긍정적인 눈으로 볼 수 있어야 합니다. 세상에 나만 있는 것이 아니라 타인들도 존재한다는 사실을 알아야 하고, 동시에 그 타인들을 생각하고 배려할 줄도 알아야 합니다. 그러는 가운데 공동체 의식을 키우고 사회적 감정을 기른 아이는 훗날 우정과 사랑과 결혼 등 삶을 살며 맞게 되는 과제들 앞에서 별다른 문제를 일으키지 않고 잘 해결할 수 있습니다.

몇 년 전에 아들러의 심리학을 바탕으로 일본 철학자가 썼다는 『미움받을 용기』가 널리 읽혔는데, 아들러의 강연 내용을 근거로 한다면 나오기 힘든 제목입니다. 아들러가 타인의 미움을 살 '용기'까지 부리며 자신을 내세우려 하는 태도를 바로잡을 것을 권하고 있으니 말입니다.

이 부분에서 아들러의 어린 시절이 궁금해집니다. 아들러는 일곱 자녀 중 둘째로 태어났습니다. 남동생 하나는 아들러가 겨우 세 살일 때 아들러 옆에서 짧은 생을 마감했습니다. 어린 시절 내내 아들러는 형과 라이벌 관계를 유지했습니다. 그런 관계가 형성된 원인은 아들러가 어머니가 자기보다 형을 더 좋아한다고 믿었기 때문입니다. 아들러는 어린 시절에 구루병(비타민 D의 결핍으로 골격에 변화를 일으키는 병이다. 환자는 다리가 굽어 O자 형이 된다)에 걸리는 바람에 네 살이 되어서야 겨우 걸을 수 있었습니다. 네 살 때는 또 폐렴에 걸려 의사로부터 가망 없다는 소리까지 들었답니다. 이런 경험들 때문에 일찍부터 죽음에 대한 공포가 생겼고, 그것이 의사가 되겠다는 결심으로 이어졌답니다. 아들러는 안과를 전공한 다음에, 신경학과 정신의학으로 분야를 확장하면서 의사, 심리학자, 철학자로 불리게 되었지요.

아들러에게는 아이를 옳은 길로 이끄는 것만 중요한 것이 아닙니다.

학부모가 아이의 길을 방해하지 않도록 설득시키는 것도 그 못지않게 중요합니다.

아이가 공동체를 생각하는 사회적 존재로 성장하는 길을 열어주는 과제는 가장 먼저 어머니에게 떨어집니다. 세상이 많이 변해도 아이에게 가장 중요한 존재가 어머니라는 사실에는 변함이 없을 것입니다.

아들러는 어머니에게 두 가지 역할을 기대합니다. 하나는 어머니가 아이를 포근히 끌어안으며 아이가 어머니에게 관심을 보이고 어머니를 동료 인간으로 받아들이도록 이끄는 것입니다. 다른 한 가지 역할은 아이의 관심이 아버지 쪽으로, 더 나아가 타인들 쪽으로 확장되도록 이끄는 것입니다. 이 시대를 사는 학부모들은 이 대목에서 힘들어할 것 같습니다. 그래도 아이들의 다양한 문제에 개인의 통일성과 목적 지향성, 사회적 감정, 열등감 등 비교적 쉬운 개념을 바탕으로 매우 상식적으로 접근하는 아들러의 분석을 참고한다면, 틀림없이 자녀 양육에 많은 도움을 얻을 것입니다.

아이에게 '4세 고시'나 '7세 고시'를 준비시키는 학부모들은 물론 예외적이겠지만, 우리 학부모들 중에서 아이가 평생 삶아가는 삶의 토대가 되어줄 인성의 형성에 진정으로 관심을 기울이는 사람들의 비율은 과연 얼마나 될까요? 깊이 고민해 봐야 할 것 같습니다.